LARA BERNARDI

EIN RATGEBER MIT PRAXISTIPPS
UND ÜBUNGEN FÜR DEN ALLTAG
MIT DEN NEUEN KINDERN

novum ✒ pro

Dieses Buch ist auch als
e-book
erhältlich.

w w w . n o v u m v e r l a g . c o m

Bibliografische Information
der Deutschen Nationalbibliothek:

Die Deutsche Nationalbibliothek
verzeichnet diese Publikation in
der Deutschen Nationalbibliografie.
Detaillierte bibliografische Daten
sind im Internet über
http://www.d-nb.de abrufbar.

© 2017 novum Verlag

ISBN 978-3-99048-871-3
Lektorat: Stefanie Krüger
Umschlagfoto: Renate Wernli,
http://www.bildermacherin.ch
Umschlaggestaltung, Layout & Satz:
novum Verlag
Innenabbildungen: Lara Bernardi (15)

Gedruckt in der Europäischen Union
auf umweltfreundlichem, chlor- und
säurefrei gebleichtem Papier.

www.novumverlag.com

INHALTSVERZEICHNIS

EINLEITUNG

Dieses Buch hat sich selber geschrieben. Und ich war erstaunt, wie rasch all die Inhalte zusammen waren. Meine Kinder haben mir immer wieder im Alltag Impulse gegeben, was für dich, lieber Leser, wichtig ist und wo du Unterstützung brauchen kannst. Ich habe Situationen im Alltag als Spirituelle Lehrerin angesehen, was auch mir sehr viel im Umgang mit meinen Mädels geholfen hat. Ich wünsche dir vor Herzen, dass du und deine Kinder einen schönen, leichten und beschwingenden Weg miteinander gehen könnt.

Ein großes Anliegen ist mir, dass die Kinder von Heute ihr Leuchten in den Augen, in ihrem Herzen und in der gesamten Aura bewahren können. Denn ein Licht kann einen ganzen Raum erhellen. Wie schön, wenn immer mehr Lichter auf der Erde leuchten. Sie zeigen, dass die Vorarbeit der Vorreiter sich gelohnt hat. Diese haben und tun immer noch viel Gutes. Sie haben mit viel Liebe und Beharrlichkeit den Weg für alle Menschen von heute geebnet. Ich finde, die täglichen Einsätze lohnen sich für jedes Kind und jeden Menschen, der strahlt.

Während meiner Zeit als Mama wurde mir mit jedem Jahr mehr bewusst, dass Mamasein ein Job wie jeder andere ist. Er hat seine Herausforderungen und je nachdem, was man für Fähigkeiten und Aufgaben auf die Erde gebracht hat, fordern die eigenen Kinder genau diese. Ich war mir schon immer bewusst, dass meine Mädels mich in meinem Sein als Spirituelle Lehrerin unterstützen. Sie erinnern mich täglich daran, was für mich wichtig ist. Sie kommen zu mir, wenn ich viel an meinen Projekten am Arbeiten bin, und wollen mich ins JETZT bringen. Sie sagen mir auf ihre kindliche Art: „He Mama, mach jetzt einen Stopp

und genieße es. Der Lebensfilm spielt hier." Vielleicht machen
auch deine Kinder Rambazamba und dir stehen die Haare zu
Berge. Schau diese Situationen mal für einen Moment mit etwas
Abstand an. Mach dazu einen Schritt zurück, setze oder lege
dich hin und schließe die Augen. Was wollen dir deine Kinder
durch ihr Verhalten zeigen? Vielleicht sind ganz viel Unruhe,
Wirbel und Angst in der Welt oder in deinem Umfeld und deine
Kinder bringen Bewegung und Fluss in die stockenden Energien.

Als ich zum Beispiel in Teneriffa in den Ferien ankam, wäre ich
am liebsten wieder nach Hause geflogen, denn daheim habe ich
ein geschütztes Umfeld aufgebaut, mit verschiedenen spirituellen
Techniken, die ich dir in diesem Buch zeigen werde. Im Hotel
in Teneriffa waren ganz viele unglückliche Menschen, die wenig
für ihre Gesundheit und ihr Wohlbefinden tun. Auch die Energie
auf der Insel war schlafend. Von Teneriffa wird ja gesagt, dass
es ein schlafender Vulkan sein. Nun gut, was tun meine lieben
Kinder? Sie machen Rambazamba und das für mich auf eine
sehr unangenehme Art. Vielleicht kennst du das auch von deinen
Kindern, wenn du Powerwesen hast, die so richtig schön in
ihrer Kraft sind. Sie setzen ihre Power ein, um etwas zu bewegen. Ich stehe dann da mit meiner lieben Art und wünsche
mir nur Harmonie, Frieden und Liebe. Ich schaue dann, was
es jetzt von mir braucht. Oftmals ist es ein klares stabiles Hin-
stehen mit geöffnetem Herzen und ich sage, wann Stopp ist.
Manchmal ist es ein Zurückziehen und ein Verlassen des Spiel-
felds, bis es wieder ruhig ist. Du kennst das sicher, wenn du los-
lässt und die jungen Wesen machen lässt, dann legen sich die
Wogen ganz rasch. Wenn du eingreifst, dann ist es oft so, dass
der Vulkan erst recht ausbricht. Ich persönlich habe mir immer
gewünscht, dass meine Kinder so richtig schön zentriert und
bei sich sind und die Menschen sein lassen. Da sie jedoch auch
Menschen sind, kann es sein, dass sie ausprobieren und Spiel-
chen spielen. Ich finde das nicht lustig, wie du wahrscheinlich
auch nicht. Doch das sind Erfahrungen, die sie haben wollen.
Das heißt nicht, dass du oder ich an diesen Erfahrungen teilnehmen müssen. Die Kinder brauchen Raum. Sie brauchen Leit-

planken und sie sollten ihr Wesen leben können. Ich erinnere meine Kinder immer mal wieder an ihren Wesenskern, wer sie wirklich sind und was sie für Lebensaufgaben haben. Ich weiß genau, dass sie diese auf ihre Weise erfüllen. In jedem Menschen steckt ein großartiger Kern. Jeder entscheidet, wie er auf das Weltgeschehen, die Energien und die Menschen auf der Erde reagieren möchte. Möchte er an den Lebensspielen teilnehmen oder hält er sich durch einen ruhigen und zentrierten Lebensstil aus allem heraus? Ich persönlich habe keine Lust auf diese Spielereien und lasse sie sein. Ich weiß jeden Moment, dass ich die Ruhe, die Liebe und Zentrierung in mir finde, und nehme mir in turbulenten Situationen viel Zeit für mich. Ich ziehe mich dann ganz zurück und schaue, dass ich die Balance halten kann oder sie wiederfinde. Je rascher ich aus diesen alltäglichen Geschichten heraustrete, desto einfacher geht es.

Von Teneriffa wäre ich am liebsten wieder abgereist. Auch wenn ich genau wusste, dass ich mit meinen Mädels einen Job als Spirituelle Lehrerin an diesem Ort hatte. Doch manchmal würde auch ich in Extremsituationen am liebsten die Hintertür nehmen. Bei mir dauern diese Augenblicke sehr kurz, weil ich dann gleich in mein Herz-Bewusstsein gehe, mich sammle, eine Affirmation spreche und vor allem alles meinen geistigen Helfern übergebe. Ich bitte dann auch um klare Führung und leite die notwendigen Schritte ein, die ich zu tun habe. Ich bin mir ganz sicher, dass nach diesen Ferien viele Menschen glücklicher nach Hause gingen. Auch spürte ich von Tag zu Tag, wie sich die Energie im Hotel und auf der Insel veränderte. Das energetische Feng-Shui für die Insel entfaltete seine Wirkung immer mehr.

Weißt du, lieber Leser, deine Kinder und auch meine sind eigenständig und habe sich gewisse Dinge für dieses Leben vorgenommen. Mein Job ist, täglich dafür zu sorgen, dass meine Mädels geschützt sind und sich immer wieder zentrieren. Durch die vielen Einflüsse von Außen werden die sanften Wesen berührt. Auch das Internet hat seine Wirkung auf die Kinder. Da gibt es so viele Dinge, vor denen ich meine Mädels gerne bewahren würde. Sicher geht es auch dir so. Nur wisse, dass deine Kinder durch das Internet und all die Dinge, die sie dort sehen, gewisse Erfahrungen nicht mehr machen müssen, die du und vielleicht auch ich gemacht haben. Sie sehen es und das Thema ist dann erledigt. Viele Dinge gehen an Kindern sehr rasch vorbei. Nur der Erwachsene macht noch lange an Ereignissen herum, die er schon längst loslassen dürfte. Dazu passt die buddhistische Geschichte zum Thema Loslassen. Ich finde sie wunderschön und treffend. Auch du und ich dürfen immer wieder loslassen, sein lassen und weitergehen.

Ein alter Mönch und ein junger Mönch wanderten eine Straße entlang und kamen irgendwann an einen reißenden Fluss. Der war weder besonders tief noch besonders breit und deshalb wollten sie einfach hindurchwaten. Da näherte sich ihnen eine junge Frau, die schon eine Weile am Flussufer gewartet hatte. Sie war sehr elegant gekleidet, wedelte mit ihrem Fächer, klimperte mit ihren Wimpern und lächelte sie mit großen Augen an.

„Oh", sagte sie, „die Strömung ist so stark und das Wasser so kalt. Und wenn mein Kimono nass wird, ruiniert das nur die Seide. Könnte mich vielleicht einer von euch beiden über den Fluss tragen?" Bei diesen Worten ging sie auf den jungen Mönch zu.

Nun dachte aber der junge Mönch, dass das Benehmen der Frau ungehörig sei. Er fand sie verwöhnt und unverschämt und dachte, dass sie eine Lektion verdient habe. Deshalb beachtete er die junge Frau nicht und watete einfach durch den Fluss. Doch der alte Mönch zuckte mit den Achseln, hob die junge Frau hoch, trug sie über den Fluss und setzte sie auf der anderen Seite ab. Dann gingen die beiden Mönche weiter. Obwohl die schweigend wanderten, war der junge Mönch wütend. Er dachte, dass sein älterer Kollege das Falsche getan hatte, denn er war mit dieser verwöhnten Person so nachsichtig gewesen. Und was noch schlimmer war, er hatte eine Mönchsregel verletzt, da er die Frau berührt hatte. Und während die beiden Mönche so weiterwanderten, ärgerte sich der junge Mönch und schimpfte dabei im Stillen. Schließlich hielt er es nicht mehr aus und er tadelte seinen Begleiter mit lauter Stimme dafür, dass er die junge Frau über den Fluss getragen hatte. „Oje", sagte der alte Mönch. „Schleppst du diese Frau immer noch mit dir herum? Ich habe sie schon vor einer Stunde abgesetzt." Dann zuckte er mit den Achseln und wanderte weiter.

Ich finde diese Geschichte wunderschön. Sie zeigt, wie einfach auch du Dinge dort stehen lassen kannst, wo du ihnen begegnet bist. Diese Geschichte hat mich lange begleitet, bis ich immer leichter Dinge stehen gelassen habe. Wenn bei mir zum Beispiel ein negativer Gedanke kommt, dann schaue ich ihn entweder kurz an oder lasse ihn einfach sein. Ich schenke Dingen, die ich nicht in meinem Leben haben möchte, immer weniger Beachtung. Manchmal wollen mir meine Kinder noch etwas aus dem „normalen" Leben aufzeigen, damit ich dann aus der Sicht als Spirituelle Lehrerin schaue, was da getan werden kann oder wie ich mit Weisheiten und Tipps Unterstützung bieten kann. Wenn ich ganz ehrlich bin, habe ich auf diese Geschichten keine Lust. Ich habe mir jedoch vorgenommen, klar und einfach Weisheiten zu vermitteln, sodass sie leicht verständlich und im Alltag umsetzbar sind. Denn mir ist es wichtig, dass meine Bücher ganz einfache und verständliche Ratgeber und Lebensbegleiter sind. Ich spreche in meiner Sprache und doch mit Alltagsbeispielen, sodass du die Dinge, die ich vermittle, in deinem Leben anwenden kannst. Den Weg, welchen ich zeige, ist leicht und du kannst dir die Dinge daraus herauspflücken, welche für dich passen.

Jeder Tag und jeder Moment ist eine neue Gelegenheit, dein Leben zu ändern, eine neue Lebenshaltung einzunehmen, die Richtung zu ändern. Gib dir jeden Moment die Chance loszulassen, indem du deine Gedanken auf etwas anderes ausrichtest. Ich übergebe mich, meine Kinder und viele Dinge in meinem Leben der höchsten Kraft im Universum, der Quelle von allem Sein. Denn da ist alles rein, klar, bewusst und es herrscht die reine Liebe. Diesen Ort liebe ich und ich manifestiere täglich dieses Sein in meinem Leben durch Rituale, Meditationen, Mantras und meinen Seinszustand. Finde auch du deinen persönlichen Weg, der für dich in deiner Lebenssituation passend ist. Sei du und lebe dich. Vertraue, dass du genau weißt, was für dich und deine Kinder gut ist. Lass es gut sein. Lass deine Kinder sie selbst sein. Lass deinen Kindern Freiheit. Gib deinen Kindern einen geschützten Rahmen und ein Umfeld, wo sie sich in ihrem gesamten Wesen entfalten können. Vielleicht brauchst du manchmal auch externe Unterstützung durch Bücher, Seminare oder einen Spirituellen Lehrer. Das ist okay. Du musst nicht immer alles selber machen. Sei dir jeden Moment bewusst, dass auch ganz viele geistige Helfer liebend gerne an deiner Seite unterstützend wirken. Sie kommen, wenn du sie rufst.

In diesem Buch findest du ganz viele Möglichkeiten, wie du mit diesen liebevollen Helfern und Führern Hand in Hand gehen kannst. Dadurch erfährst du die Leichtigkeit des Himmels, denn der Himmel kennt keine Grenzen. Der Himmel hat himmlische Lösungen und es geschehen jeden Moment Wunder. Lass die Wunder dein Leben bereichern und lass dich von deinen Helfern beschenken. Du darfst dich auch mal in ihre Arme fallen lassen, wenn alles zu viel ist.

Dieses Buch ist ein Praxisratgeber. Er wurde von mir aus dem Alltag als Mama und Spirituelle Lehrerin geschrieben. Meine Mädels haben mich tatkräftig bei den Alltagssituationen unterstützt, sodass ich meinen Blick immer wieder auf Rezepte, Übungen, Tipps und viele hilfreiche Hinweise für dich richten durfte. Lass dich von diesem Ratgeber bestärken, finde Rat und Unterstützung für deinen Alltag. Du wirst genau das erhalten, was du im MOMENT brauchst. Lass dich leiten.

In diesem Buch findest du einfache, handliche Übungen, Tipps und Weisheiten, die dich in deinem Alltag mit deinen Kindern unterstützen. Außerdem bekommst du Werkzeuge, die auch dir helfen, dein Wesen zu entfalten. Du kannst dieses Buch von Anfang bis zum Ende durchlesen oder es wie bei einem spirituellen Kartenset wie folgt anwenden:

- Konzentriere dich auf die Situation, das Thema oder die Person, welche dich im Moment beschäftigt, und schlage dann spontan eine Seite in diesem Buch auf. Lies den Text auf dieser Seite durch und wenn sie eine Übung enthält, dann führe sie durch. Du erhältst bestimmt die Antwort oder die Übung, die dich jetzt im Moment unterstützt.

- Hast du Situationen, die sich in deinem Alltag immer wieder wiederholen und du hättest gerne eine Lösung dazu? Konzentriere dich auf diese Situation und schlage dann spontan eine Seite in diesem Buch auf. Lies sie durch und mach die Übung, falls es auf dieser Seite eine Übung gibt.

- Möchtest du als Mama oder Papa immer glücklicher in deiner Aufgabe als Mama oder Papa sein? Wähle als Unterstützung drei Monate jeden Tag spontan eine Übung/eine Seite aus diesem Teil des Buches aus. Schlage täglich spontan eine Seite auf und lies sie durch, und falls es eine Übung gibt, machst du diese immer mal wieder während des gesamten Tags.

- Wünschst du dir eine Antwort auf eine Frage hinsichtlich deiner Kinder? Dann schlag spontan eine Seite auf und lies sie durch. Lies auch zwischen den Zeilen, indem du dich nach dem Durchlesen der Seite fragst, was dir das Gelesene sagen möchte.

Ein besonderes Extra in diesem Buch sind die Notfall-Apotheken. All diese Übungen sollen dir viel Freude bereiten und dir den Alltag erleichtern. Die Übungen können in ein paar Sekunden oder während mehreren Minuten durchgeführt werden. Sei dir bewusst, dass deine Kinder sehr schnell sind, bereits eine Minute ganz konzentriert bei einer Übung zu sein, ist sehr wirkungsvoll. Lass los und lege deine Denkschemen ab, wie die Übung perfekt durchgeführt werden sollte. Vertraue, dass auch die Kurzversion eine sehr große Wirkung hat. Kinder sind sehr kreativ und sie haben ihre Art, Dinge zu tun. Vertraue und lass sie gewähren. Manchmal genügt es bereits, wenn du die Übung machst. Vielleicht schauen deine Kinder auch dabei zu.

Verschaffe dir einen Überblick, indem du die Übungen der Notfall-Apotheken durchliest und sie auch gleich anwendest. Je mehr du sie nutzt, desto mehr integrieren sie ihre Energie und ihre Wirkung in deinem Leben. Immer, wenn du dann Unterstützung brauchst, wirst du genau wissen, welche Übung du einsetzen kannst. Denn du kannst dich jede Sekunde dafür entscheiden, dass es dir gut geht. Du hast immer die Wahl, in jeglichen Situationen: Love it, change it or leave it. Auf Deutsch: Liebe es, ändere es oder verlasse die Situation. Du weißt in deinem Herzen, was in jedem Moment der richtige Schritt ist. Entscheide dich und es wird wirken. Nichts tun ist auch eine Lösung. Wenn du aktiv bist, dann geht dein Lebensfluss in die Richtung, welche für dich stimmig ist. Die Lösung liegt in dir. Nimm dir deshalb Zeit für dich, schöpfe durch passende Rituale und Übungen Kraft. Du kannst jede Sekunde aus der Fülle Gottes schöpfen. Auch deine feinstofflichen Freunde, die Engel und viele mehr sind immer für dich da. Sie respektieren deinen freien Willen und warten deshalb, bis du sie anrufst und sie um etwas bittest.

Solange deine Kinder noch klein sind, kannst du Rituale und Übungen für sie durchführen. Sie sind noch so verbunden mit dir, dass alle Übungen starken Einfluss auch auf sie haben. Je älter Kinder werden, desto mehr sollten sie auch selber Techniken anwenden, die sie reinigen, stärken, stabilisieren und ausrichten.

Jeder Mensch ist ein Kind und hat ein kindliches Sein in sich. Werdet wieder wie Kinder.
Vielleicht erkennst auch du wieder dein kindliches Sein, welches noch mehr gelebt und auch wiederbelebt werden darf. Lass dich inspirieren und sei dir sicher, dass du in diesem Buch einen Freund gefunden hast, der immer weiß, was du im Moment brauchst.

Alles Liebe
Lara

HINTERGRUNDWISSEN

Chakren

Viele Jahre haben sich die Lehren auf die sieben Hauptchakren konzentriert. Diese sieben Tore sind wichtige Öffnungen für deine Weiterentwicklung. Dein Wesen hat jedoch unendliche viele Chakren. Sie reichen in den Himmel weit über die Quelle hinaus und tief hinunter bis ins Herzchakra von Mutter Erde. Die Verbindung zu Mutter Erde und zur Quelle eröffnen dir neue Ebenen, andere Energien, höhere Schwingungen. Bist du mit Himmel und Erde wie über einen reinen klaren Kanal verbunden, so hast du die Chance, dein gesamtes göttliches Potential auf der Erde zu leben. Du kannst dir den Himmel auf der Erde manifestieren. Es fließen reine Energien wie zum Beispiel Liebe und Weisheit durch dich.

Jedes Chakra beinhaltet Potential, welches dir zur freien Verfügung steht, wenn die Energien in diesem Energiezentrum optimal strömen.

Möchtest du dir einen Überblick über deine sieben Hauptchakren verschaffen, dann ließ hier weiter. Falls du dich bereits mit Chakren auskennst, dann kannst du auch beim nächsten Kapitel weiterlesen.

Wurzelchakra

Das Wurzelchakra ist dein 1. Energiezentrum im Genitalbereich.

Lage: Das erste Energiezentrum liegt zwischen deinem Anus und deinen Genitalien und ist mit dem Steißbein verbunden.

Klassische Chakra-Farbe: Rot (Gelb)

Harmonische Funktion: Ist dieser Bereich in Balance, fühlst du dich sicher, stabil und voller Lebenskraft. Du stehst mit beiden Beinen fest auf dem Boden. Außerdem besitzt du Urvertrauen und bist in Frieden mit dir.

Disharmonische Funktion: Das Denken und Handeln kreist hauptsächlich um materiellen Besitz und Sicherheit. Loslassen fällt schwer. Festhalten an Altem.

Ideen brauchen Boden, deshalb ist es wichtig, mit beiden Beinen auf der Erde zu stehen. Ein bewusster Spaziergang in der Natur, Sport und liebevoller Sex haben positive Auswirkungen auf dein Wurzelchakra.

Nabelchakra

Das Nabelchakra ist dein 2. Energiezentrum.

Lage: Das zweite Zentrum befindet sich etwa zwei Fingerbreit unterhalb deines Bauchnabels. Es ist mit dem Kreuzbein verbunden.

Klassische Chakra-Farbe: Orange (Rosa, wenn die Liebe aus dem Herzchakra permanent in dieses Zentrum einströmt)

Harmonische Funktion: Ist dieses Zentrum in Balance, verlaufen deine beruflichen und persönlichen Partnerschaften harmonisch. Das Geben und Nehmen ist ausgeglichen.

Disharmonische Funktion: Bei einer Disharmonie geht eine Person immer wieder private oder berufliche Partnerschaften ein, die für sie nicht stimmig sind. Es entstehen Unsicherheiten und Spannungen.

Das Nabelchakra ist das Energiezentrum des Gebens und Nehmens und der Partnerschaft. Ziel ist, dass sich diese Ebene immer mehr mit dem dritten Energiezentrum vereint, sodass neue Formen von Partnerschaften im Privatleben und im Beruf möglich werden. Studierende befinden sich während ihres Studiums sehr oft auf dieser Ebene. Es handelt sich bei ihnen um das Aufnehmen, Verarbeiten und Abgeben von Lernstoff. Auch ein Arbeitsverhältnis hat Auswirkung auf diesen Bereich. Ein Arbeitnehmer gibt Leistung und Ideen gegen Lohn an ein Unternehmen. Es ist wichtig, dass das Geben und Nehmen in Einklang ist und eine Win-Win-Situation herrscht. Wertschätzung, d. h. wie viel ein Mensch auf materieller und immaterieller Ebene für seine Arbeit verlangt, hat harmonisierende Wirkung auf das zweite Energiezentrum. Die Frage der Wertschätzung und des Ausgleichs sind in jeder Art von Partnerschaft wichtig.

Solarplexus

Der Solarplexus ist dein 3. Energiezentrum.

Lage: Das dritte Energiezentrum befindet sich unterhalb deines Rippenbogens, zwischen Brustbeinende und Bauchnabel.

Klassische Chakra-Farbe: Gelb

Harmonische Funktion: Ist dieser Bereich in Balance, verspürst du viel Kraft und Vitalität. Du nimmst die Gefühle und Eigenarten von dir und anderen Menschen an und akzeptierst sie. Du bist in Frieden mit dir und der Welt.

Disharmonische Funktion: Ist dieser Bereich nicht ausgeglichen, neigt der Mensch zu Manipulation. Er übt Macht aus und möchte alles in seinem Sinn beeinflussen.

Das dritte Energiezentrum ist dein Kraftzentrum. Es ist deine innere Sonne. Das bewusste und wohldosierte Sonnentanken hat harmonisierende Wirkung auf diesen Bereich.

Herzchakra

Das Herzchakra ist dein 4. Energiezentrum.

Lage: Das vierte Energiezentrum liegt auf der Höhe deines Herzens, in der Mitte deiner Brust.

Klassische Chakra-Farbe: Grün (Rosa, Gold)

Harmonische Funktion: Ist dieses Zentrum in Balance, strömst du Liebe und Harmonie für dich und andere aus. Menschen und Tiere fühlen sich in deiner Gegenwart wohl.

Disharmonische Funktion: Ist dieser Bereich verschlossen, grenzt sich der Mensch von anderen ab. Durch seine Schutzmauer wirkt er reserviert und kühl nach außen.

Besonders Manager sind in diesem Bereich verschlossen. Es handelt sich um einen Selbstschutz, der sie jedoch auch von sich selbst entfernt. Die bedingungslose Hingabe und Öffnung in einer Partnerschaft kann diese Ebene ausgleichen. Die Liebe hat auch allgemeine Heilwirkung. Es ist wissenschaftlich erwiesen, dass kranke Menschen, die viel Liebe erhalten, schneller gesund werden als andere.

Kehlkopfchakra

Das Kehlkopfchakra ist dein 5. Energiezentrum.

Lage: Das fünfte Energiezentrum befindet sich zwischen Halsgrube und Kehlkopf und ist mit dem Nacken verbunden.

Klassische Chakra-Farbe: Blau

Harmonische Funktion: Befindet sich dieser Bereich in Balance, ist der Mensch ausdrucksfähig, kommunikativ und kreativ. Außerdem besitzt er eine individuelle Ausdrucksform.

Disharmonische Funktion: Bei Disharmonie fällt es dem Menschen schwer, seine Gefühle und Gedanken mitzuteilen. Aufgestaute Emotionen werden unkontrolliert herausgelassen.

Musst du dich räuspern oder spürst du ein Kratzen im Hals deutet das oft darauf hin, dass etwas mitgeteilt werden sollte.

Die persönlichen Gefühle, Gedanken und Visionen niederzuschreiben hat harmonisierende Wirkung auf dieses Energiezentrum. Auch das Betrachten eines strahlend blauen Himmels entspannt deinen Halsbereich.

Drittes Auge

Das Dritte Auge ist dein 6. Energiezentrum.

Lage: Das sechste Energiezentrum befindet sich in der Mitte zwischen den Augenbrauen.

Klassische Chakra-Farbe: Violett

Harmonische Funktion: Ist dieses Energiezentrum in Balance, verfügt der Mensch über einen wachen Verstand und ist ein guter Denker. Oftmals ist er visuell veranlagt und hat die Fähigkeit, durch seine mentalen Kräfte seine Ziele und Visionen zu verwirklichen.

Disharmonische Funktion: Besteht eine Disharmonie auf dieser Ebene, ist der Mensch „kopflastig". Er lebt über den Verstand und versucht, alles über diese Ebene zu regeln.

Eintauchen in ein Schaumbad oder eine Massage bewusst genießen bringt das sechste Energiezentrum ins Gleichgewicht. Die mentale Ebene und der Gefühlsbereich können miteinander verbunden und ausgeglichen werden, indem die Stirn mit der einen Hand und der Bauchnabel mit der anderen gehalten werden.

Kronenchakra

Das Kronenchakra ist dein 7. Energiezentrum.

Lage: Das siebte Energiezentrum befindet sich am Scheitel des Kopfes, auf der Höhe der Fontanelle.

Klassische Chakra-Farbe: Weiß oder Violett

Harmonische Funktion: Ist dieser Bereich entwickelt, ist der Mensch innovativ und ideenreich. Das reine göttliche Licht kann in seinen physischen Körper einströmen. Je mehr dieses Chakra geöffnet ist, desto weniger lässt sich der Mensch von seinen Emotionen und Gedanken mitreißen.

Disharmonische Funktion: Ist dieser Bereich wenig entwickelt, fehlt dem Menschen eine ganzheitliche Betrachtungsweise.

Ideen haben ihren Ursprung in diesem Bereich. Die Öffnung, zu der sie hineinfließen, kann man sich als Trichter vorstellen. Je weiter die Öffnung ist, desto mehr Inspiration erhält der Mensch. Die Öffnung kann als Lotusblüte visualisiert werden.

Energiefeld

Das Charisma ist deine Ausstrahlung. Es strahlt wie eine Sonne und ist geprägt von dem, was du denkst, fühlst und wie du bist. Eine charismatische Persönlichkeit besitzt eine kraftvolle Ausstrahlung, die andere Menschen motivieren und anziehen kann. Dein Charisma zieht andere Menschen an, die ähnlich sind wie du und solche, die so werden wollen.

Dein Charisma wird unter anderem durch deine fünf Energiekörper geprägt. Auch dein Lichtmantel (Merkaba) beeinflusst deine Ausstrahlung.

Physischer Körper

Emotionaler Körper

Inneres Feuer

Mentaler Körper

Spiritueller Körper

Deine fünf Energiekörper:

- Physischer Körper
  Dies ist der materielle Körper des Menschen mit all seinen
  Organen, Zellen und seiner gesundheitlichen Konstitution.
  In diesem Bereich werden Fakten und alles, was über die fünf
  Sinne wahrgenommen wird, verarbeitet.

- Emotionaler Körper
  In diesem Bereich werden die Gefühle wahrgenommen, gespeichert und verarbeitet. Eine sozialkompetente Person nimmt
  die Informationen, welche über diesen Körper einströmen,
  bewusst war. Dadurch kann sie sich in andere Menschen ein-
  fühlen und versteht ihre Handlungen und ihr Verhalten besser.

- „Inneres Feuer"
  Diese Ebene steht symbolisch für die Umsetzung, für die Ins-
  pirationskraft und die inneren Weisheiten des Menschen. Das
  „Innere Feuer" ist die persönliche Mitte des Menschen. Wenn
  du ganz bei dir bist, dann bist du vollkommen in deiner Mitte verankert. Bist du eine ganzheitliche Persönlichkeit? Dann
  lässt du dich von deinem „Inneren Feuer" leiten. Du arbeitest,
  handelst und „lebst" aus deiner Mitte, deinem Herzen heraus.
  Auf körperlicher Ebene wird das „Innere Feuer" dem Brust-
  bereich, dem Herzchakra zugeordnet.

- Mentaler Körper
  Auf dieser Ebene wird analysiert, geplant und Gedanken werden gespeichert. Auch Fachwissen ist hier abgelegt. Es ist die
  „kopflastige" Seite des Menschen. Vor allem Studierende und
  Manager sind in ihrem Alltag oft in diesem Bereich aktiv.

- Spiritueller Körper
  Kreative Einfälle und innovative Ideen haben ihren Ursprung
  auf dieser Ebene. Philosophen und Erfinder wie Pythagoras
  und Albert Einstein bezogen aus diesem Bereich ihre Weisheiten und Lehren.

Lichtkörper – Merkaba

Der Lichtkörper, deine Merkaba, ist dein Lichtmantel und energetischer Schutzmantel. Du kannst dir die Merkaba als dein energetisches Kleid vorstellen. So wie du deinen physischen Körper kleidest und vor Wind und Wetter und weiteren Einflüssen schützt, so ist auch dein Lichtkörper durch die Merkaba geschützt. Deine Merkaba gibt dir auch Stabilität wie das Gerüst bei einem Haus, welches noch im Aufbau ist.

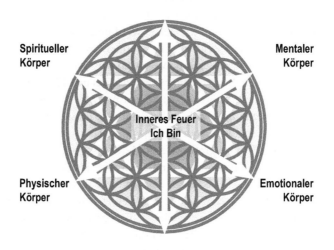

Quellanbindung

Spiritueller Körper

Mentaler Körper

Inneres Feuer
Ich Bin

Physischer Körper

Emotionaler Körper

Erdanbindung

Dein Lichtkörper wird durch deine Energiekörper, den physischen, emotionalen Körper, dem Inneren Feuer, den mentalen und spirituellen Körper und die Himmel-Erde-Verbindung aufgebaut und gestärkt. Je mehr deine Energiekörper leuchten und mit Liebe aus deinem Herzchakra durchleuchtet sind, desto stabiler ist dein Lichtkörper. Durch die Liebe aus deinem Herzen wird deine Merkaba auch immer größer.

Neue Zeit und Veränderungen

Die Zeit der Veränderung und des Umbruches wurde in den 20er Jahren vorbereitet und dauern heute noch an. Es gab viele Bewegungen in dieser Zeit, die auch zu Kriegen und Veränderungen in den sozialen Strukturen geführt haben. Noch immer stehen die Welt und ihre Bewohner nicht an dem Punkt, wo Frieden und Liebe herrschen.

Es gab mal eine Zeit auf der Erde, sie wurde auch der Garten Eden genannt, in der die Liebe herrschte. Es gab Könige und großartige Wesen, die mit reiner Liebe führten. Irgendwann kam dann die Zeit, in der jeder auf sich orientiert war und die medialen Fähigkeiten für das eigene Wohl missbraucht wurden. Heute ist eine neue Zeitwelle. Es kommen großartige Wesen auf die Erde, die großes reines Wissen aus der Quelle von allem Sein mitbringen. Sie wurden früher Buddhas und Heilige genannt. Zu ihnen gehören Jesus, Mahatma Gandhi, der Dalai Lama und es gibt noch viele mehr von ihnen. Einige sind nicht mit Namen bekannt. Ich bin Menschen begegnet, die jeden Tag in ihren vier Wänden großartiges für die Menschheit leisten. Sie sind sich dessen oftmals nicht einmal bewusst. Dann gibt es die sogenannten irdischen Meister, die sich nicht als solche zeigen. Auch sie arbeiten jeden Tag für den Weltfrieden, für das Licht und die Liebe. Und die vielen Kinder, die jetzt auf der Erde sind: Schau sie dir genau an. Viele von ihnen sind große Führer in noch kleinem Körper. Sie strahlen. Sie zeigen dir das Licht, die Liebe, wie ein glückliches Zusammenleben sein kann.

Die Zeit vergeht rasch, wenn du nicht aus ihr heraustrittst. Wusstest du, dass Zeit dehnbar ist? Du kannst sie gedanklich ausdehnen, verkürzen und einen Moment stoppen. Wie, fragst du dich? Zeit ist reine Energie. Energie folgt der Aufmerksamkeit. Wenn du an das glaubst, was du tust oder bewirken möchtest, dann funktioniert es. Vor längerer Zeit hatte ich mit einem Menschen Kontakt, der mir immer gesagt hat, er sei jetzt an diesem Ort und sei dann in 30 Minuten bei mir. Der Ort war faktisch 45 Minuten von mir entfernt. Ich wusste das, weil ich die Strecke auch schon oft mit dem Auto gefahren bin. Diese Person war immer innerhalb von 30 Minuten bei mir und sie bestätigte mir, dass sie mit dem vorgeschriebenen Tempo gefahren war. Dadurch lernte ich, dass Zeit angehalten werden kann.

Kennst du die Geschichte vom Jungen, der sich sein Bein nachwachsen ließ? Er wusste nicht, dass das der Mensch nicht kann. Er hatte es bei Tieren gesehen. Siehst du, und genau so funktioniert es, wenn dein Kopf nicht denkt und Dinge geschehen lässt, dann geht es kinderleicht. Weshalb ist die Heilung bei Kindern so leicht und rasch? Ich berühre meine Tochter, wenn sie Rückenschmerzen hat, ein oder zwei Minuten und schon ist es wieder gut. Kinder denken noch nicht. Sie haben nicht das Gefühl, dass etwas lange dauern muss. Meine beste Freundin sagt manchmal, dass sie es oft nicht glauben kann, dass Dinge so leicht zu verarbeiten und loszulassen sind.

Ich vermittle Wege, die kinderleicht sind. Ich sage den Menschen immer: „Ihr könnt den leichten, liebevollen und glücklichen Weg gehen oder ihr könnt ganz lange Dinge verarbeiten, loslassen und heilen." Ich persönlich bevorzuge den leichten Weg und den gehe ich auch täglich. Immer wieder darf auch ich meinen Kopf sein lassen. Ich könnte in Geschichten hineinfallen und sie drehen. Ich lasse es jedoch sein, denn es macht mich nicht glücklich. Ich bin glücklich, wenn ich den Himmel auf der Erde leben kann und wenn es leicht, liebevoll und schön ist. Deshalb schaffe ich mir täglich das, was ich mir wünsche. Ich konzentriere mich auf die Dinge, die mich glücklich machen. Auch du hast jederzeit die Wahl, worauf du dich konzentrieren möchtest. Schau die sogenannte Realität kurz an, schau, was du da für einen Beitrag leisten möchtest, übergib es deinen geistigen Helfern und widme dich den Dingen, die dich beflügeln.

Im Moment hat der Mensch die Wahl, in welchen Lebensfilmen er stehen möchte. Du bist Schöpfer deines Lebens. Du kannst in der Neuen Zeit Energie stehen und dich mit goldenem Licht nähren. Du kannst Weltheilung und ganz viel für andere Menschen tun. Du kannst dich hier auf der Erde verwirklichen.

Ich mache auch gerne etwas für die Menschen. Ich sehe jedoch keinen Sinn darin, dass es mir dabei schlecht gehen soll. Außerdem habe ich erkannt, dass meine geistigen Helfer die Heilung und Reinigung viel besser machen als ich mit meinem menschlichen Körper.

Körperliche Veränderungen

Die Neue Zeit bringt Schwingungsveränderungen mit sich. Alles beginnt sich rascher zu drehen. Dein ganzer Körper wird leichter und lichtvoller. Deine Organe, Zellen und alles in deinem physischen Körper darf sich an die raschere Drehzahl angleichen. Es kann sein, dass du deshalb Unwohlsein oder andere körperliche Symptome verspürst. Wenn du täglich meditierst und mit Neuen Heilmethoden arbeitest, indem du zum Beispiel eine Lichtmeditation hörst, dann hat es dein Körper leichter.

Wusstest du, dass du mit jedem Organ, mit jeder Zelle in deinem Körper sprechen kannst? Sie sind auch beseelt und hören auf deine Wünsche. Möchtest du zum Beispiel keine Kopfschmerzen, dann frag über dein Herz-Bewusstsein, was du tun kannst. Bitte auch deinen Kopf sich zu entspannen und sag ihm, dass du solche Schmerzen nicht mehr wünschst. Wenn du im reinen Bewusstsein arbeitest, dann darfst du auch wieder Verneinungen in deinen Anweisungen sagen. Sprich klar aus, was du dir wünschst, und sag es kraftvoll. Deine Helfer wissen dann schon, was sie zu tun haben. Auch deine Organe und Körperteile kannst du als sogenannte Helfer ansehen. Ich habe zum Beispiel fast ein Jahr lang mit meinen Eierstöcken geredet und gesagt, dass ich meine Menstruation wieder ganz kurz und leicht haben möchte, so wie früher. Jetzt ist es endlich so, wie ich es mir gewünscht habe. Es dauerte ein wenig länger. Ich war geduldig und nun habe ich mein Ziel erreicht. Manchmal braucht es Ausdauer und Vertrauen, dass es so kommt, wie du es dir wünschst.

Lichttore/Türen

Es wird immer wieder von Lichttoren gesprochen, die zu einem bestimmten Moment stärker auf die Erde wirken und den Menschen beeinflussen. Ich persönlich sehe das Universum als offen an und ich kann mich jederzeit mit jeglichen Lichtebenen verbinden, mit ihnen in Kontakt treten, mich von den göttlichen Lichtstrahlen näheren, ganz im 3D-Geschehen stehen oder mich erheben. Die Neue Zeit lässt dir deine Realität, wie du sie dir durch dein Bewusstsein schaffst. Ich möchte dir zeigen, dass du die Grenzen deines Bewusstseins sprengen kannst. Es gibt noch so vieles und so viele Weisheiten, die du entdecken und für dich nutzen darfst. Lass los und öffne dich für die Grenzenlosigkeit. Wünsche dir, was du in deinem Leben manifestieren möchtest. Auch deine geistigen Helfer stehen dir immer zur Seite. Sie wollen dir das Licht bringen und die Liebe in deinem Umfeld stärken. Gib ihnen Aufträge, indem du ihnen klar sagst, wo du Unterstützung, Heilung und mehr Liebe brauchst.

Sei dankbar für die kleinen Schritte der Veränderung in deinem Leben. Wenn du in deiner Ausrichtung bleibst, werden große Veränderungen mit dauerhafter Wirkung folgen.

Was du für dich in Zeiten der Veränderung tun kannst:
- Ruhe, Licht durch Sonne tanken
- Grüne Nahrung wie Salate essen
- Emotionen reinigen im Bauchbereich, zum Beispiel durch violettes Licht
- Bei dir bleiben durch Atmung und das „Yoga Zentrum der Liebe"
- Dinge ansprechen, die Heilung brauchen, damit sie an das Licht kommen (nicht emotional werden, neutral/sachlich bleiben)

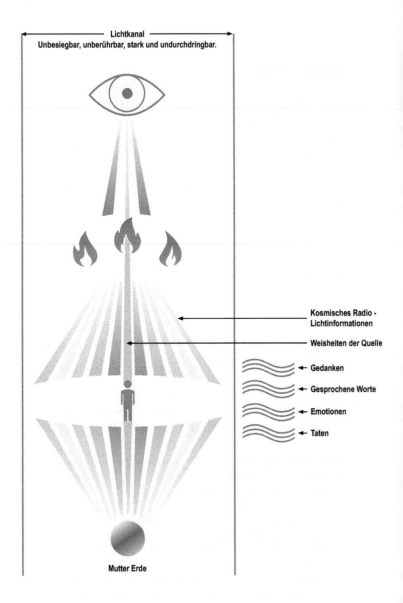

Lichtkanal
Unbesiegbar, unberührbar, stark und undurchdringbar.

Kosmisches Radio - Lichtinformationen

Weisheiten der Quelle

← Gedanken

← Gesprochene Worte

← Emotionen

← Taten

Mutter Erde

Weißer Lichtkanal

Der weiße Lichtkanal beinhaltet alle Farben. Es ist eine Möglichkeit, dadurch mehr auf das kosmische Radio, die Frequenzen der Quelle von allem Sein ausgerichtet zu sein. Wenn du dich und auch jedes deiner Kinder täglich am Morgen, am Mittag und am Abend vor dem Schlafen kurz in diesen Lichtkanal stellst, dann sind deine Kinder schön ausgerichtet und werden von den kollektiven Gedanken und Emotionen weniger beeinfluss. Diese kollektiven Wellen könnte man auch das 3D-Radio nennen. Denn wie du vielleicht weißt, strömen täglich Wellen von Gedanken und Emotionen auf dich und deine Kinder ein, die nicht deine sind. Wenn du dich aus dem Weltgeschehen mit seinen Turbulenzen mehr heraushalten möchtest, dann setzte den weißen Lichtkanal ein. Er reicht von der Quelle von allem Sein bis zum Herzchakra von Mutter Erde.

Schulen

In den öffentlichen Schulen wird vor allem die linke Gehirnhälfte, die männliche logische Seite trainiert. In diesem Buch findest du ganz viele Möglichkeiten, deine Kinder ganzheitlich zu fördern, damit sie ihre sensitive Wahrnehmung, die sie als Kleinkinder haben, auch im Teenie-Alter bewahren können. Ich finde es wichtig, dass die ganzheitliche Wahrnehmung offen bleibt. Deine Kinder dürfen ihre Gehirnkapazität vollumfänglich leben können, damit sie Freidenker bleiben, die nicht manipuliert werden können.

Meine Kinder kommen immer mal wieder zu einem Seminar von mir mit, meditieren kurz mit mir oder machen einen Teil von meinem Yoga mit. Sie sind eine Zeitlang in die Montessori-

Krippe, den -Kindergarten und die -Schule gegangen. Heute haben sie teilweise Privatunterricht daheim und auch ich mache vereinzelt Home Schooling mit Ihnen. Sie sind in einer „I Am School". Ich hatte das Glück, dass ich durch eine Empfehlung einer lieben und sehr kompetenten Kindergärtnerin auf diese Schule aufmerksam gemacht wurde. Im Moment gibt es zwei solche Schulen in der Welt, die eine ist in Amerika und die andere in der Schweiz. In diesen Schulen startet der Schulalltag mit so-genannten Decrees (Affirmationen). Es ist eine Schule, welche mit Lichtmeistern und spirituellem Bewusstsein arbeitet. Ich bin dankbar, dass meine Mädels dort geschult werden.

Sicher gibt es auch in deiner Gegend eine moderne Schule, welche dir entspricht. Du kennst vielleicht die Rudolf Steiner, Waldorf- oder Montessori-Schulen. Es gibt heute weitere Privatschulen, welche innovativ sind und das Kind in den Vordergrund stellen. In Luzern (Schweiz) gibt es da die Zeit Kind Schule. Außerdem gibt es Projekte in der Schweiz, durch die man in die öffentlichen Schulen innovative Schulprojekte integrieren möchte wie zum Beispiel das Projekt Glücksschule. Du findest bestimmt das passende für euch. Eine Schule sollte euren Werten entsprechen und deine Kinder so fördern, wie es für dich und deine Kinder passt. Vielleicht stimmt für dich ja auch die öffentliche Schule.

Schwangerschaft

Würde sich jeder Mensch von seinem Urinstinkt und seiner sensitiven Wahrnehmung leiten lassen, wären die Handlungen zum Wohle aller Beteiligten. So viele Dinge werden aufgrund von vorgefertigten Meinungen, Gedanken und Glaubenssätzen ent-schieden. Auch mir wollten immer mal wieder ein paar Menschen sagen, wie ich es mit meinen Mädels zu tun habe. Zum Glück bin ich immer wieder auf meinen Weg gekommen, den Weg des Herzens, und bin diesem gefolgt. Da jedes Kind und jeder Papa und jede Mama einzigartig ist, gibt es für die Führung von Kindern kein Patentrezept. Was sicher ist: dass viele Kinder sich nicht mehr so leicht führen lassen, außer du bist dir ganz klar und bist schön zentriert. In diesem Buch findest du viele Ideen, Impulse und Rezepte. Probiere sie aus, übe dich in deiner Führung, in deinem Herz-Bewusstsein und habe Vertrauen. Gewisse Veränderungen brauchen etwas länger und andere wirken sofort. Gib nicht auf, bleib motiviert und mach weiter. Halte den Fokus auf deinen Zielen. Du kannst sicher sein, dass Herzenswünsche und Ziele, die deinem Herzen entspringen, in Erfüllung gehen werden. Wenn du mit geistigen Helfern arbeitest, geht vieles rascher und es stellen sich unmittelbare Erfolge ein.

Während der Schwangerschaft lohnt es sich, wenn du dich zu den folgenden Themen zum Beispiel durch Bücher, Webinare, Kurse und über das Internet informierst: sanfte Geburt, Impfungen, Tragtücher, Babymassagen, Ernährung nach den fünf Elementen für Mutter und Kind. Bei mir auf der Homepage findest du auch einen ausgebildeten BERNARDI Profile Coach, welcher ausgebildete Hebamme ist.

Impfungen

Das Thema Impfungen ist etwas, worüber du stundenlang mit anderen diskutieren könntest. Ich lasse mich auf solche Diskussionen nicht ein. Wer mich fragt, dem sage ich, wie wir es machen. Ansonsten habe ich keine Lust und sehe es auch nicht als meine Aufgabe, mich bei diesem Themen herauszulehnen. Meine Kinder sind nicht geimpft und ich auch nicht mehr, seit ich Teenie bin. Ich bin froh, dass ich bei meinem ersten Kind Unterstützung diesbezüglich von einer Homöopathin hatte. Sie hat mich in meiner Haltung bestärkt.

Hausgeburt und Geburtshäuser

Alle meine Kinder wurden daheim geboren, mit meiner Ersten mussten wir am Schluss in das Spital, weil sie Steißlage hatte und das hätte gefährlich sein können. Ich habe alle natürlich geboren. Bei meiner Jüngsten hatte ich nicht einmal Schmerzen am Schluss, weil ich mir sagte, dass es ganz angenehm sein darf. Ich habe ganz im Vertrauen am Schluss der Geburt tief in den Druck geatmet. In diesem Moment kamen zwei Vögel vor unser Fenster und schon war meine Tochter geboren. Es ging alles so rasch, dass nicht einmal die Hebamme anwesend war. Dafür waren alle meine Kinder, mein damaliger Partner und meine Mama dabei. Meine Mama war so dankbar, da gewesen zu sein. Sie sagte, dass das Heilung für sie war, da sie erleben durfte, dass eine Geburt schön sein kann.

Ich darf auch sagen, dass es für Hausgeburten einen Mann braucht, der damit umgehen kann und der die Frau bei der Geburt unterstützt. Ansonsten würde ich eher auf das Geburtshaus umsteigen. Eine Hausgeburt ist Luxus und auch die Begleitung durch eine frei arbeitende Hebamme davor und danach. Sie kommt während der Schwangerschaft für alle Kontrollen zu dir nach Hause. Der Partner wird schön in die Behandlungen integriert und falls du schon Kinder hast, auch sie. Meine Hebamme war so liebevoll und sanft mit mir, dem Baby, den anderen Kindern und meinem damaligen Partner.

Impfungen und auch das Thema Geburt sind Einstellungssache. Finde für dich, deinen Partner und deine Kinder die passende Variante. Lass dich da vor allem von deiner Intuition leiten. Während einer Schwangerschaft ist die Mama sehr stark mit dem Baby verbunden. Sie spürt genau, was es braucht und ob es eine risikoreiche Schwangerschaft oder Geburt sein wird. Vertraue als werdende Mama deinen Impulsen, und wenn du ein Papa bist, wisse, dass deine Partnerin im Moment sehr gut in der Wahrnehmung ist.

Schlafen

Die Frage, ob dein Baby bei dir schlafen darf oder nicht, ist auch eine wichtige Entscheidung. Höre bei dieser Entscheidung auf dich und deine Impulse. Spür in dein Herz-Bewusstsein hinein und horche, was es dir zu sagen hat. Für mich war es immer einfach, meine Mädels bei mir zu haben. Das Stillen ging viel leichter im der Nacht, da das Baby direkt neben mit lag. Heute sind meine Mädels schon größer und wir schlafen oftmals immer noch im selben Raum. Weshalb? Meine Mädels fühlen sich geborgen und für mich ist es auch okay. Mir ist aufgefallen, dass sie viel ausgeglichener aufwachen, wenn sie bei mir schlafen oder wenn ich mich zum Einschlafen eine Weile neben sie lege. Wichtig ist, dass es für dich stimmig ist. Ich nehme mir meinen Raum während des Tages. Meine Mädels sind sehr selbstständig und brauchen nicht dauernd meine Hilfe. Ich helfe ihnen, ihre Aura zu stärken, sie in Balance zu bringen und gebe ihnen viel Liebe.

Tragetuch

Kinder lieben es ganz nahe bei ihrem Papa und ihrer Mama am Herzen getragen zu werden. Kinder, die mit dem Kopf zur Brust getragen werden, weinen kaum.

Ich habe mir immer gesagt, dass ich meine Babys nur draußen im Tragetuch trage. Als dann eines meiner Babys öfters weinte, war ich dankbar, dass ich es auch zu Hause beim Kochen, Putzen und anderen Tätigkeiten bei mir im Tuch haben konnte. Dadurch war die Kleine ruhig und entspannt wie ein Engelchen. Das Tragetuch ist auch ideal beim Job-Sharing, wenn ein Papa auf das kleine Wesen schon früh alleine aufpasst. Durch das Tuch fühlt sich das Baby bei Papa so geborgen wie bei Mama.

Werte im Alltag

Was ist dir wichtig im Umgang mit deinen Kindern? Wie möchtest du dich in kritischen Situationen verhalten? Welche Werte sind dir wichtig? Hast du Grenzen im Umgang mit deinen Kindern? Nimm dir einen Moment Zeit und beantworte diese Fragen für dich. Sie geben dir eine Ausrichtung und Stabilität. Wertepfeiler sind eine Orientierung für dich und deine Kinder. An diese kannst du dich in kritischen Situationen halten.

Welche Werte möchtest du deinen Kindern vermitteln? Mir ist es wichtig, dass meine Mädels respektvoll, anständig, achtsam und sich bewusst sind, dass die Liebe die stärkste Kraft im Universum ist. Auch ist es mir wichtig, dass meine Kinder lernen, das Gegenüber zu respektieren und seine Grenzen zu achten. Meine Kinder sollen hinter die Illusionen und Machenschaften in der Welt sehen. Mein Wunsch ist, dass meine Mädels erkennen, dass jede negative Handlung eine Energie ist, deren Schwingung in die Welt getragen wird.

Meine Kinder lehren mich, stark zu sein und mit beiden Füßen auf dem Boden zu stehen. Sie zeigen mir, dass eine stabile, liebevolle Führung auch streng sein darf. Welche Lehren haben deine Kinder für dich? Was wollen sie dir zeigen? Welche Wünsche hast du für die Erde? Dein Herz-Bewusstsein oder deine geistigen Helfer können dir dazu mehr sagen, wenn du sie fragst.

Für mich waren der Krieg zwischen Menschen und all die Dinge auf der Erde, die schief laufen, schon immer sehr schwer. Ich bin ein Wesen, das seinen Sinn auf der Erde nur sieht, wenn ich in meiner Leichtigkeit und Liebe und Glückseligkeit sein kann. Wie fühlst du dich wohl? Was brauchst du, damit du dich so richtig entfalten kannst?

Ich habe auch ganz lange geglaubt, dass sich jeder Mensch entwickeln und sich selbst verwirklichen möchte. Während meiner

Tätigkeit an der Hochschule habe ich festgestellt, dass nur wenige Menschen wirklich weiterkommen wollen und sich selbst kennenlernen möchten. Heute weiß ich, dass viele Menschen Suchende sind, die gerne mehr von den Weisheiten und dem Wissen erfahren wollen, wie ich es und auch andere Spirituelle Lehrer vermitteln. Für all diese bin ich da und schreibe meine Bücher und gebe Seminaren. Für all die Kinder auf dieser Welt leiste ich gerne meinen Beitrag, damit sie ihr Licht und ihre Weisheiten bewahren und zur gegebenen Zeit weitergeben können.

Ach ja, Ehrlichkeit ist mir auch sehr wichtig, denn Lügen haben in der heutigen Zeit immer noch kürzere Beine. Wenn ich etwas prüfen möchte, dann frage ich mein Herz-Bewusstsein. Ehrlichkeit gebe ich auch meinen Kindern weiter. Meine Mama sagte oft, dass ich fast zu ehrlich sei. Heute bin ich diplomatischer. Ich sage nicht mehr alles. Ich überprüfe, ob es wichtig ist, wenn ich dies oder das in meinem privaten Umfeld weitergebe.

Nimm dir Zeit, deine Werte zu erkennen. Was möchtest du deinen Kindern für Werte weitergeben? Steh für dich und dein Sein hin. Deine Kinder werden dir dafür dankbar sein. Zeig deinen Kindern auch, dass es sich nicht immer lohnt, viel Energie einzusetzen für Dinge, die sich im Moment nicht ändern lassen. Sie können Einsatz leisten, wo es sich lohnt.

Ich finde das folgende Zitat dazu treffen: „Gott, gib mir die Gelassenheit, Dinge hinzunehmen, die ich nicht ändern kann, den Mut, Dinge zu ändern, die ich ändern kann und die Weisheit, das eine vom anderen zu unterscheiden."

Gib der Liebe Raum in deinem Leben, gib dir Raum. Nimm dir täglich Ruhe. Achte andere Menschen. Sei achtsam und wachsam mit deinen Worten, Gedanken, Emotionen und Handlungen. Sei auch mal stolz auf dich und klopf dir liebevoll auf die Schultern.

Umgang mit impulsiuen Kindern

Impulsive Kinder tragen ganz viel Energie in sich, wie ein lodernder Vulkan. Sie brauchen Bewegung, Meditationen, Massagen und das Element Wasser, damit die Wogen sanfter sind. Sie reagieren oftmals sensibel auf Zucker, Süßigkeiten und manchmal auch E-Nummern. Da sie bereits genügend Energie haben, können diese Substanzen ein Zuviel sein, welches das Fass zum Überlaufen bringt. Die Farben Grün, Blau und Rosa und das Element Wasser wirken beruhigend auf solche Kinder.

Diese Kinder sind nicht böse. Sie haben bloß viel Energie. Sie dürfen lernen, mit dieser Power in ihnen konstruktiv umzugehen. Auch Menschenmengen können diese Kinder wie auch hochsensitive Kinder überreizen. Wenn du im Alltag für Ausgleich, Ruhe und auch Bewegung sorgst, dann können sie sich immer wieder abkühlen. Es lohnt sich auch, Fleisch, Zucker, Weizen und Produkte mit Zusatzstoffen möglichst wenig auf dem Speiseplan zu haben. Ich finde, all die Zuckergetränke sind überflüssig, weil bereits in anderen Nahrungsmitteln genügend Zucker enthalten ist. Es gibt auch Kinder, die auf Limonaden und Sirup mit Zucker mit körperlichen Symptomen reagieren. Beobachte deine Kinder und du wirst ganz klar sehen, welche Nahrungsmittel ihnen bekommen. Möchtest du dich zum Thema Ernährung vertiefen, dann findest du nützliche Informationen in meinem Buch „Die Schlüssel für deine Gesundheit".

Kinder mit sehr uiel Energie

Stell dir vor, es sprudelt in dir wie ein Vulkan und du weißt nicht, wohin mit deiner Energie. Ein Kind braucht Bewegung und ruhige Momente, damit es sich spürt und sich ausgleichen kann. Wenn sein Herz schön offen ist, dann kann ein Zuviel an Energie über sein Herzchakra abfließen. Ein Kind sollte auch etwas haben, Projekte, Kreatives, Sport oder Musik, wo es sich entfalten kann. Wenn jemand ein Herzprojekt verfolgt, eine Aufgabe und Sinn in seinem Tun sieht, dann kann es sein Wesen entfalten. Auch Ämtchen daheim wie putzen, kochen, Gartenarbeit und Autowaschen sind wichtig, damit ein Kind früh lernt, Aufgaben zu übernehmen. Kinder brauchen Liebe, Aufgaben und Persönlichkeitsentfaltung. Erkenne, was deine Kinder für Wesen sind. Frage dazu dein Herz-Bewusstsein, indem du in dein Herzchakra eintauchst, deine Herztüren gedanklich öffnest und die folgenden Fragen stellst: Was ist mein Kind (Name nennen) für ein Wesen? Was braucht es für seine Entfaltung? Wie kann es sich gut in Balance bringen? Auch die Natur wirkt ausgleichend und ist Balsam für das Herzchakra und die Gesundheit.

Kinder mit viel Energie sollten möglichst wenig rotes Fleisch, E-Nummern und Zucker konsumieren, damit sie nicht noch mehr Power erhalten. Durch naturbelassene Nahrungsmittel bleiben sie oftmals ruhiger. Am besten beobachtest du deine Kinder, wie sie auf Nahrung und sonstige Einflüsse reagieren, und dosierst dann die Dinge, die sie beunruhigen. Beachte dabei auch, dass deine Kinder lernen sollten, mit den Umwelteinflüssen umzugehen. Gib deinen Kindern Hilfestellungen mit kleinen Übungen, Liebe, Geborgenheit und Schutztechniken in Momenten, wo sie offen für solche Impulse von dir sind. In den Notfall-Apotheken findest du ganz viele mögliche Übungen dafür.

Umgang mit Wut und Aggressionen

Junge Menschen dürfen erfahren, was negative Emotionen sind und wie sie damit umgehen können. Zeig ihnen Möglichkeiten in einer ruhigen entspannten Minute. Missioniere nicht. Zeige nur Möglichkeiten. Erinnere sie an ihr ureigenes Wissen (Weisheitsbuch) in ihrem Herzchakra. Frage sie auch mal, was ihr Herz für Möglichkeiten hat, wie sie und andere Menschen mit Wut und Aggressionen umgehen können. Sie können auch mal mit ihrem Heimatplaneten Kontakt aufnehmen und dort fragen, wie sie in Zukunft herausfordernde Situationen meistern können. Wenn dir Extremsituationen mit deinen streitenden und tobenden Kindern zu viel sind, dann reagiere, bevor deine Grenzen überschritten sind, verlasse das Spielfeld oder bringe jedes Kind in sein eigenes Zimmer. Wenn der Krieg tobt, dann brauchst du einen klaren Kopf, ein offenes Herz und geistige Helfer, die dich unterstützen. Reden nützt in solchen Momenten nichts. Horche auf deine innere Führung in deinem Herzchakra, welche Aktion jetzt angesagt ist. Rede, wenn wieder Ruhe eingekehrt ist. Sei dir bewusst, dass du mit deinem Herzfeld ein Kriegsgebiet stabilisieren kannst. Ein Führer hat immer Helfer; aktiviere deine geistigen Helfer, indem du sie um Unterstützung bittest. Ich persönlich übergebe meinen geistigen Helfern das gesamte Paket und schaue dann noch zusätzlich, ob ich etwas zu tun habe.

Gib deinen Kindern Hilfestellung in Momenten, in denen sie ein offenes Ohr haben. Da es im Moment nur wenige spirituelle Schulen auf der Erde gibt, bist du oder eine Vertrauensperson aufgerufen, deinen Kindern die Werkzeuge zu vermitteln und sie an ihr Wissen in ihren Herzen zu erinnern. Denn dort sind Lösungen für Lebenssituationen vorhanden.

Mache deinem Kind bewusst, dass es jede Sekunde entscheiden kann, wie es auf Menschen, Situationen und Energien wie Wut und Aggressionen reagieren möchte. Leitsatz: Je mehr du aus der Liebe deines Herzens heraus handelst, desto mehr Liebe erhältst du. Zeigst du mit einem Finger auf einen Menschen, dann zeigst du mit drei Fingern auf dich. Du kannst dir ein Lichtkleid wie ein Regenmantel anziehen, damit Emotionen, Gedanken und sonstige Energiepfeile an dir abprallen. Eine Möglichkeit ist auch, dass du Energien mit einem Liebesspiegel von dir fortleitest. Stell dir dazu einen Spiegel voller Liebe vor. Dieser reflektierten Dinge, die du nicht bei dir haben möchtest, und spiegelt sie durch die Liebe des Spiegels geheilt zurück.

Sei dir bewusst, dass du jede Sekunde entscheidest, auf was du dich ausrichtest. Denkst du liebevoll, dann ziehst du noch mehr davon in dein Leben. Es fühlen sich auch immer Menschen von dieser Energie angezogen, die noch nicht da stehen, wo du stehst. Sie würden jedoch gerne so sein und deshalb kommen sie zu dir.

Affirmation für dich zur Unterstützung: „Ich Bin Meister meiner Gedanken, Worte, Gefühle und Taten. Ich Bin die Kraft in mir, die alles leitet und die mich führt."

Du kannst dich auch jederzeit in eine Lichtdusche (Lichtkanal) stellen, damit du dich aus unangenehmen Situationen herausnehmen kannst: Blau beruhigt, Rosa umgibt und erfüllt dich mit Liebe, Gelb gibt dir ein Gefühl von Vitalität und Kraft wie die Sonnenenergie.

Ausbrüche der Kinder und Streit

Wusstest du, dass es Kinder gibt, die sich aus Langeweile schlagen? Und dass es Kinder gibt, für die Grenzen wichtig sind, damit sie sich in ihrem Körper spüren können? Der Klaps auf den Po hat zum Beispiel eine erdende Wirkung. Sinnvoll ist es, wenn ein liebevolles Klopfritual mit sanftem und liebevollem Klöpfeln von Kopf bis Fuß in den Alltag integriert wird. Mönche machen das in Asien, um den Energiefluss im Körper anzuregen. Kindern hilft dieses Ritual, um sich im physischen Körper zu spüren. Ich persönlich klöpfle mir fast täglich das Kreuzbein und rege so meine Energie in der Wirbelsäule, den Lebensfluss, an.

Stell dir vor du hast so viel Energie in deinem Körper, dass du nicht weißt wohin mit dieser Kraft. So geht es gewissen kraftvollen Kindern. Deshalb lohnt es sich, Meditation, Ausgleichsrituale und Affirmationen ganz natürlich in den Alltag einzubauen und eine spirituelle Praxis vorzuleben. Als Eltern von heute gibt es viel zu tun, in deiner Kraft zu sein, dich dir bewusst zu sein und auf deine Intuition zu vertrauen. Auch darfst du als Papa oder Mama der Eigenliebe Platz im Alltag geben. Du darfst dir ab und zu die Schultern streicheln und stolz auf dich sein. Du darfst Raum für Verzeihen schaffen und jeden Moment wieder den Weg und die Haltung einnehmen, die dir wichtig sind. Lebe dich. Vertraue dir und sei stolz auf dich. Mama und Papa in der heutigen Zeit zu sein ist eine große Aufgabe. Es ist ein Job, eine Lebensaufgabe. Lebe sie im Bewusstsein als ein Spiritueller Lehrer/Heiler. Suche deine Lebensaufgabe nicht im Außen, denn deine Kinder brauchen dich. Gib deinen Kindern die Chance, ihr (Engels-)Wesen zu bewahren. Auch als Erwachsene dürfen sie noch so schön strahlen. Tu es, lebe es und sei dir deiner Aufgabe jeden Tag bewusst. Atme bewusst, damit du bei dir bist. Nimm dir Raum zur Erholung für dich. Wisse auch, dass es viele geistige Helfer gibt, die dich liebend gerne unterstützen. Bitte sie um Unterstützung und sie sind an deiner Seite. Baue deshalb in deinen Alltag Zeiten ein, in denen du mit deinen geistigen Helfern Kontakt aufnimmst und sie bittest, dich, deine Kinder und deinen Partner zu reinigen, zu zentrieren, zu stabilisieren und zu schützen. Bitte um die Qualitäten, die ihr daheim braucht. Deine geistigen Helfer wirken liebevoll und unterstützend für dich und deine Familie zum Wohl vom großen Ganzen.

Wenn du in einer extremen Situation bist, mach einen Schritt zurück und atme tief und bewusst in dein Herzchakra. Konzentriere dich auf deine persönliche Mitte in der Mitte deiner Brust. Übergib deinen geistigen Helfern den Job mit deinen Kindern und bitte um klare Führung. Was ist jetzt von deiner Seite her zu tun? Ist es ein dich Zurückziehen oder ein Eingreifen? Horch einen Moment in dein Herzchakra in der Mitte deiner Brust. Was ist die Antwort? Handle dann dementsprechend. Wenn du merkst, dass du bereits zu fest in dem Geschehen und nicht bei dir bist, dann zieh dich für einen Moment zurück. Du kannst dann die Situation ganz entspannt ansehen und wieder zur Ruhe kommen. Es nützt nichts, wenn du außer Kontrolle bist. Ich habe immer gesagt, ich würde mit meinen drei Power-Mädels nicht umgehen können, wenn ich nicht jeden Morgen meditieren und Yoga machen würde. Diese Äußerung habe ich auch schon ganz oft in Amerika gehört, denn dort sind bei vielen Menschen Meditation und Yoga und andere spirituelle Praktiken gang und gäbe. Es ist normal wie das Zähneputzen und keiner schaut den anderen eigenartig an.

Wenn solche Extremsituationen immer wieder auftreten, dann nimm dir in einer ruhigen Minute Zeit und verschaffe dir Klarheit über deinen Job und was es dir sagen möchte. Beantworte dazu folgende Fragen aus deinem Herz-Bewusstsein:

- Was möchten mir die Kinder sagen?
- Was ist meine Aufgabe in solchen Situationen?
- Wie kann ich solche Situationen vermeiden?
- Wie möchte ich auf solche Situationen reagieren?
- Welche Übungen unterstützen mich, damit ich die Ruhe und Gelassenheit bewahre?

In solchen Situationen kannst du auch ganz spontan dieses Buch aufschlagen und dann schauen, was da für eine Übung oder Weisheit für dich zur Unterstützung steht. Sei dir bewusst, dass du einen großartigen Job machst. Du machst es immer so gut, wie es für dich im Moment möglich ist. Wenn du dich nicht verhältst, wie du es gerne würdest, dann übe es. Gib dir eine neue Chance und sag dir ganz klar, wie du dich in solchen Momenten das nächste Mal verhalten wirst. Geh immer wieder auf diesen Weg zurück. Wenn du mal davon abkommst, dann verzeihe dir und auch den Beteiligten, indem du gedanklich oder laut sagst: „Ich rufe das Gesetz der Vergebung." Wenn du dir verzeihen kannst, dann liebst du dich. Das ist Selbstliebe. Auch ein Sportler trainiert, damit er immer besser in seiner Disziplin wird. Übe auch du, bis du dort stehst, wo du sein möchtest. Viel Erfolg und Selbstliebe wünsche ich dir von Herzen auf deinem Weg.

Ernährung

Bei der Ernährung ist es wie mit allen: Jeder Mensch ist ein einzigartig und reagiert unterschiedlich auf Nahrungsmittel. Den besten Hinweis gibt das eigene Körpergefühl. Wenn du auf deinen Körper hörst, dann spürst du genau, was dir guttut. Grundsätzlich hat jedes Nahrungsmittel eine bestimmte Schwingung. Je nachdem, bei und mit welchen Schwingungen sich ein Mensch wohlfühlt, bekommt ihm ein bestimmtes Nahrungsmittel gut. Achte bei deinen Kindern gut auf die Reaktionen, wenn sie gegessen haben. Schau, wie sie auf Süßigkeiten, Weizen und Zucker reagieren.

Fleischkonsum ist eine Einstellungssache. Ich persönlich habe bereits als 14-jähriges Mädchen, nachdem ich einen Film in der Schule über Massenviehzucht gesehen hatte, mit dem Fleischkonsum aufgehört. Ich hatte dann mit 20 und auch später immer mal wieder Phasen, in denen ich Hühnchen, Pute und Fisch konsumiert habe. Ich persönlich spüre, wenn ich Fleisch konsumiere, die Emotionen und die Energie der Tiere. Deshalb esse ich überhaupt kein Fleisch mehr, auch kein weißes. Meine Kinder können in den Ferien an den Buffets der Hotels weißes Fleisch essen. Das rote lassen wir ganz fort, da es auch Medikamente und Wachstumsmittel enthält und ich möchte nicht, dass meine Mädels diese konsumieren. Wenn sie auswärts bei anderen essen, greife ich nicht ein. Ich informiere die Eltern von Freundinnen jedoch, dass es mir lieber ist, wenn sie kein Fleisch essen.

Milchprodukte der Kuh enthalten ebenfalls die Medikamente, welche die Tiere bekommen. Außerdem kann Milch schleimbildend wirken, deshalb gibt es bei mir daheim Reismilch, Sojaprodukte und manchmal Schafs- oder Ziegenprodukte.

Zucker wirkt auf den Körper anregend und beeinflusst das Hormonsystem. Er kann zu Hyperaktivität führen. Ein hundertprozentiger Ersatz für Zucker sind Ahornsaft, Honig und Birkenzucker.

Es gibt immer mehr Menschen, welche eine Weizen-Unverträglichkeit haben. Alternative Produkte sind Dinkel und Reis. Reis ist auch ein sehr guter Ersatz für Pasta. Er hat eine reinigende und entlastende Wirkung auf den Körper.

Wusstest du, dass es wissenschaftlich erwiesen ist, dass eine natürliche Ernährung aus möglichst unverarbeiteten Lebensmitteln wie Reis, Gemüse, Früchten, Hülsenfrüchten, Kernen, Nüssen und Sprossen Zivilisationskrankheiten vorbeugen und lindern kann?

Ich persönlich lese, bevor ich Nahrungsmittel kaufe, die Inhaltsstoffe. Ganz viele Nahrungsmittel, von denen man es nicht denken würde, enthalten Zusatzstoffe oder Zucker (Milchzucker, Maltodextrin).

Mission und Lebensaufgabe

Manifestation deines wahren Selbst: Wenn du erkennst, wer und was du bist, dann kannst du deine Kräfte gezielt einsetzen. Durch diese Kräfte kannst du manifestieren, d. h., das in dein Leben rufen, was du dir wünschst.

Jedes Kind kommt mit einem ureigenen Potential und Auftrag auf die Erde. Viele dieser Seelen, die jetzt inkarnieren, sind nur wenig auf der Erde gewesen oder sind das erste Mal hier. Sie kennen die Erde und den Umgang und das Leben in einer Materie wie auf diesem Planeten nicht. Deshalb finden sie es spannend, hier zu sein. Wenn sie Verhalten von Menschen in ihrem Umfeld sehen, dann meinen sie, so macht „man" es auf der Erde. Deshalb ist es für solche Kinder wichtig, dass du ihnen Wertepfeiler aufstellst. Bei mir daheim ist der respektvolle und achtsame Umgang miteinander wichtig. Schlagen und böse Worte gehören nicht in mein Haus. Mir ist es wichtig, dass jeder einander leben lässt und wenn es einem mal nicht so gut geht, dass wir uns dann zurückziehen und wieder sammeln. Es ist ein Sein in Liebe, Respekt, Achtsamkeit und auch Wachsamkeit. Ich reflektiere auch immer wieder mich selber. Wenn etwas nicht so lief, wie es sein sollte, dann gehen wir wieder auf den Weg.

In der Welt herrscht Krieg und ein Gegeneinander. Ich propagiere, dass man die anderen mehr sein lassen sollte. Wenn du jemanden nicht lieben kannst, dann lass ihn sein. Ich zwinge keinen, etwas zu tun. Ich setze klare Leitplanken.

Die Kinder von Heute wünschen sich Klarheit und ein sauberes Umfeld, denn der Himmel ist klar und rein. Jeder ist Bewohner auf der Erde. Seine Heimat liegt im Himmel. Wenn der Mensch in seinem Herzen ruht, dann ist er immer daheim. Das Herzchakra ist die Quelle in jedem Menschen. Die Quelle von allem Sein ist der Ursprung, von dem alles entstammt. Je mehr die Kinder die Chance haben, Liebe in ihrem Umfeld zu spüren, desto mehr fühlen sie sich daheim. Ich glaube, Kinder können ohne Furcht und in einem tiefen Vertrauen aufwachsen, wenn mindestens eine Person in ihrem Umfeld offen für Spiritualität ist. Das Geistige ist die Energie in den Zwischenräumen. Es umgibt die Materie und vervollständigt das Gesamtbild. Es gibt hier auf der Erde nicht nur Geist und nicht nur Materie. Hier wirken Körper, Geist und Seele. Sind diese Ebenen in Balance, dann strahlt der Mensch wie ein Diamant. Jeder Mensch trägt diesen Reichtum in sich. Die Kinder von Heute helfen, eine Balance zwischen den verschiedenen Ebenen herzustellen. Sie räumen auf mit alten Glaubenssätzen, sie rütteln an dir, damit deine Energie, deine Vitalkraft optimal fließt. Lässt du sie wirken, dann ist ganz viel Heilung möglich. Manchmal fegen sie ganz wild herum und sprechen Wörter aus, die du nicht gut findest, damit sie in der Atmosphäre aufgelöst werden. Alles, was einmal gesagt wurde, darf wieder bereinigt werden, damit reine Energie strömen kann. Lass sie wirken. Zeige ihnen auch, was zu weit geht. Ich verlasse oftmals den Raum, bis sich alles wieder beruhigt hat. Dabei achte ich sehr klar auf meine Herzimpulse, ob eine Unterbrechung durch mich notwendig ist oder ich es sein lassen kann. Ich persönlich bevorzuge es in explosiven Situationen, meinen geistigen Helfern die Arbeit zu übergeben. Ich übergebe ihnen alles zur Heilung und zur Bereinigung, damit sie auf ihre liebevolle Art wirken. Dann geschehen immer wieder Wunder. Alles beruhigt und klärt sich von einer Sekunde auf die andere.

Manchmal brauchen die Kinder von Heute aufgrund ihres feinen Energiefelds einen Moment, bis sie sich an ein Umfeld und vor allem auch die Inkarnationen als Kind gewöhnt haben. Gib ihnen Zeit und sorge für genügend Rückzug und Ruhe in deinem Umfeld, damit dein Kind sich an die Schwingungen gewöhnen kann. Es kann sein, dass sie sich dann erst mit 20 oder 30 Jahren ihrer Lebensaufgabe bewusst werden. Es gibt jedoch auch Kinder, die von Anfang an ganz klar und bewusst ihre Mission erfüllen. Es gibt da keine Regeln und das eine Kind ist auch nicht besser als das andere. Sieh deine Kinder als einzigartige Wesen an und schau jeden Moment, dass du sie optimal unterstützen kannst.

Bevor ein Wesen auf der Erde inkarniert, wird es auf seine Lebensaufgaben auf den geistigen Ebenen vorbereitet. Jeder Mensch kommt dann mit einer bestimmten Lebensaufgabe, besonderen Fähigkeiten und einem Potential auf die Welt. Die Fähigkeiten und das Potential unterstützen ihn bei der Erfüllung seiner Lebensaufgabe. Oftmals spüren die Menschen intuitiv, wo ihre Be-Rufung liegt. Die Be-Rufung ist der Ruf deiner Seele. Folgst du ihm, dann setzt sich viel Freude frei. Du gehst in deiner Aufgabe auf und fühlst dich glücklich dabei. In deiner Tätigkeit verwirklichst du dich selber. Sie ist Selbstverwirlichung für dich.

Über das Seelenreading in diesem Buch kannst du die Lebensaufgaben deiner Kinder oder auch anderer Menschen abfragen. Wichtig ist, frag nicht einfach für irgendjemanden. Deine Kinder stehen unter deiner Obhut. Da hast du die Erlaubnis. Bei anderen Menschen schaue ich persönlich nur, wenn sie mich fragen. Oder ich frage, ob sie es wissen wollen. Ich achte den Privatraum von anderen Menschen und gebe das auch so in meinen Ausbildungen weiter. Ich finde, Respekt ist sehr wichtig und darf im Westen auch wieder mehr praktiziert werden.

Geistige Helfer

Deine Kinder haben neben ihren Schutzengeln Einhörner an der Seite und auch die Lichtmeister halten ein Auge auf die zukünftigen Lehrer gerichtet. Deine Kinder sind Gotteskinder. Sie sind allzeit beschützt und behütet. Vielleicht kennst du das Schutzauge Gottes, ein Symbol des göttlichen Schutzes. Es gibt immer noch Länder, wo die Menschen dieses Zeichen als Schutz vor bösen Blicken tragen. Du kannst diesen Schutz immer anrufen, wenn du und deine Kinder ihn besonders brauchen.

Einhörner

Einhörnern gehen in der Neuen Zeit den Kindern voraus. Sie ebnen den Weg und schauen, dass die Schwingungen harmonischer sind. Sie bringen neues Wissen zur Vorbereitung für die Kinder der Neuen Zeit auf die Erde, sodass gewisse Strukturen bereits auf diese vorbereitet sind. Die Neuen Kinder müssen die Verhärtungen nicht mehr brechen. Dies geschieht automatisch durch ihr Sein. Manchmal dauert es eine Weile. Wichtig ist, dass die Erwachsenen im Vertrauen sind und wissen, dass alles verändert wird. Das gesamte Gesellschaftssystem ist sich am verändern. Alles bricht auf, was veraltet ist und alten Glaubenssätzen entspricht. Die Kinder haben ein starkes Licht und werden permanent von Einhörnern, Meistern, Schutzwesen und ganz vielen weiteren lichtvollen Wesen unterstützt. Gehe ins Vertrauen und lass dich von den äußeren Erscheinungen nicht beirren oder verwirren. Rufe die Einhörner zum Schutz für die Kinder. Sie sollen einen Kreis um sie bilden, wenn sie schlafen. Stell ein Schutzeinhorn an die Seite deiner Kinder, welches nach ihrem Wohl schaut. Rufe ein Meistereinhorn, welches als Lehrer an der Seite deiner Kinder steht und schaut, dass sie an seine Weisheiten erinnert werden und das Wissen ihres Ursprungs präsent ist.

Auf dem Markt gibt es auch wunderschöne Einhorn-Kartensets. Kinder lieben diese. Sie lieben die Bilder. Durch diese werden sie an diese sanfte und liebevolle Welt und ihre Wesen erinnert. Auch gibt es Einhorn-Geschichten auf CDs, die deine Kinder dabei unterstützen, in einer leichten und liebevollen Welt aufzuwachsen.

Göttliche Schutzwesen

Jeder Mensch auf der Erde hat seine Schutzengel und ganz persönlichen Begleiter, die ihn schützen. Es gibt neben diesen noch viel mehr Schutzwesen, die dich und deine Kinder begleiten, unterstützen und schützen, wenn du sie darum bittest. Auf der Erde gilt der freie Wille, diese geistigen Schutzwesen dürfen nur eingreifen, wenn du oder deine Kinder sie rufen oder wenn ein Notfall ist.

Die göttlichen Schutzwesen kannst du jederzeit um Schutz bitten, indem du zum Beispiel diese Affirmation täglich zum Schutz für dich und deine Kinder am Morgen vor dem Aufstehen sagst: „Meine Kinder und ich sind allzeit geschützt und behütet. Wir stehen unter dem höchsten göttlichen Schutz. Engelslegionen aus allen Ebenen, Zeiten und Dimensionen sorgen für unser Wohl. Sie schützen uns und ersetzen alles Störende mit Harmonie, Liebe und Frieden."

Visualisiere auch immer wieder einen Umhang für deine Kinder in Farben, die du intuitiv auswählst, wenn sie aus dem Haus gehen, damit sie auch energetisch gut und den Bedingungen entsprechend gekleidet sind. Dafür kannst dich kurz auf dein Herz-Bewusstsein einstimmen, indem du in dein Herzchakra eintauchst. Spüre diesen ruhenden und liebenden Pol in dir. Frage dich dann: „Welche Farbe unterstützt mein Kind jetzt für die Schule?" Du stellst diese Frage je nach Ort, wo es hingeht oder auch für den Kontakt mit ganz bestimmten Menschen. Stell dir dann kurz den Umhang um dein Kind in der entsprechenden Farbe vor.

Farben kannst du jeden Morgen für das Wohl deiner Kinder einsetzten. Sie bieten Schutz vor Manipulation, spenden Ruhe und helfen deinen Kindern, ihr wahres Sein zu bewahren und zu leben: Du bist umgeben von einem Licht aus Gold, Grün und Blau.

Wenn du deine Kinder unterstützen möchtest, dann wähle intuitiv eine Farbe für sie aus. Nimm deine Hand über ihren Kopf und beriesle sie mit dieser Farbe.

Farben und ihre Wirkung:
- Blau: für absoluten mentalen Schutz und Schutz allgemein
- Grün: Schutz des Herzbereiches
- Rosa: für mehr Liebe in und um einem herum
- Gold: Neue Zeit, Energie, Weisheit Gottes, Licht der Zentralsonne (Ursprung von allem Sein)
- Violett: Farbe der Transformation und starke, rasch wirksame Heilung
- Diamant: Rein, klar und strahlend. Diese Farbe hilft dir, ganz rein und du selbst zu sein. Die Farbe, respektive das Licht des Diamanten hilft dir, Körper, Geist und Seele in Einklang zu bringen.

Alle Farben kommen als sogenannte Farbfrequenzen oder Lichtstrahlen auf die Erde. Durch sie kann Heilung auf allen Ebenen geschehen und der Himmel kann sich auf der Erde in seiner Reinheit manifestieren. Möchtest du dich in das Thema „göttliche Lichtstrahlen" vertiefen, dann findest du ganz viele Informationen dazu in meinem Buch „Die Schlüssel der Engel".

Engelslegionen

Du kannst Engelslegionen zum Schutz, zur Reinigung, zur Heilung und vieles mehr anrufen. Engelslegionen sind Engelsscharen. Sie wirken auf den verschiedenen Lichtstrahlen. Sei dir sicher, dass diese liebevollen Wesen in Scharen die Atmosphäre reinigen, heilen und schützen. Diese Wesen sind immer an deiner Seite. Sie sind sehr vielseitig und kennen die irdischen Grenzen nicht. Engel sind eine Art Himmelsdiener, die dir zur Seite stehen, wenn du sie darum bittest. Du findest mit der Zeit sicher auch selber heraus, welche Engel du für was am liebsten anrufst. Ich persönlich arbeite vor allem mit dem blauen zum Schutz und zur Reinigung. Mit denen in Rosa für mehr Liebe, mit den grünen für den Schutz des Herzraumes und mit dem goldenen für Reichtum und Harmonie. Pink brauche ich, damit meine Mädels offen sind für die geistigen Ebenen.

Eine kleine Auswahl an Engelslegionen, die dich in deinem Job als Mama oder Papa mit deinen Kindern unterstützen können:
- Blaue Engelslegionen: Für absoluten mentalen Schutz und Schutz allgemein. Sie reinigen auch sehr gut. Du kannst sie für Hausreinigungen einsetzen.
- Grüne Engelslegionen: Sie schützen den Herzbereich und stärken die Liebe, wenn du sie darum bittest. Sie sorgen für Wohlbefinden und Balance in einem Haus.
- Rosa Engelslegionen: Für mehr Liebe in und um einem herum.
- Goldene Engelslegionen: Sie bringen Weisheit und Reinheit. Goldene Engel können das Nervensystem stabilisieren und Räume harmonisieren.
- Pinke Engelslegionen: Unterstützen in der Öffnung für Spiritualität und spirituelles Wissen. Dadurch akzeptiert der Mensch leichter, dass es auch eine geistige Ebene gibt.

Lichtmeister

Meister sind Wesen, die die Erleuchtung erlangt haben. Sie wirken oftmals als Führer und Helfer, wenn du sie darum bittest. Jeder Meister hat unterschiedliche Eigenschaften und Fachgebiete. Da sie Wesen sind, die die Erdmaterie verlassen haben und nur noch feinstofflich als Unterstützung für die Menschheit wirken, können sie selbstverständlich alles. Sie kennen keine Grenzen und keine Zeit.

Auch du trägst einen Meister in dir. Das ist dein Wesenskern in deinem Herzchakra, der alles kann und nicht aus der Ruhe zu bringen ist. Dieser Meister hat die Fähigkeiten und das Wissen, die du in jeder Situation brauchst. Möchtest du Meister oder Schöpfer deines Lebens sein? Dann schau für dich über dein Herz-Bewusstsein, wo du dein Leben noch besser meistern möchtest und führe die Veränderung herbei.

Es ist nicht wichtig, dass du die Meister beim Namen kennst. Du kannst auch alle Lichtmeister gleichzeitig um Hilfe in deinem Alltag mit deinen Kindern bitten. Wenn du dich in dieses Thema vertiefen möchtest, dann findest du in meinem Buch „Die Schlüssel der Engel" eine Zusammenstellung verschiedener Lichtmeister.

Verstorbene

Auch sogenannte Ahnen, Menschen aus deinem Umfeld, die bereits verstorben sind, können geistige Helfer sein. Es gilt bei den Verstorbenen zu unterscheiden zwischen den Wesen, die wirklich ins Licht hinübergegangen sind und jetzt Engel sind und denen, die nicht wissen, dass sie gestorben sind und immer noch auf Zwischenebenen herumschwirren. Solche „Schattenwesen" sind nicht hell wie Engel. Sie sehen eher wie Schatten aus und können Kindern Angst machen. Ich habe bereits als Kind solche Wesen gesehen und weiß, wie es ist, wenn sie dich in der Nacht besuchen. Ich persönlich sehe mich nicht berufen, mit den Schattenwesen zu arbeiten. Ich gebe diese Aufgaben meinen geistigen Helfern weiter. Was sich lohnt ist, energetische Lichtsäulen vor dem Haus im Garten an einem Platz aufzustellen, wo es nicht stört. Das sind sogenannte Aufzüge ins Licht. Die Schattenwesen können dort ins Licht gehen. Seit ich mit Lichtsäulen arbeite, haben wir keine Schattenwesen mehr im Haus. Manchmal suchen diese Wesen nur Licht. Dieses finden sie dann bei den Lichtsäulen und sie stören dich nicht.

Nimm dein Kind ernst, wenn es in der Nacht aufwacht. Wahrscheinlich hat es sich erschreckt oder es verarbeitet etwas vom Tag. Frag dein Kind am Morgen, was es aufgeweckt hat oder frag über dein Herz-Bewusstsein.

Mein Großvater ist ein Helfer von uns. Er ist lichtvoll und unterstützt mich und meine Mädels. Vielleicht hast auch du lichtvolle Ahnen, die euch als Helfer zur Seite stehen?

Früher war vieles für mich unbewusst und lief automatisch. Als ich mich dann bewusst für die spirituellen Ebenen öffnete, hatte ich im Ayurveda während einer Ölmassage eine Begegnung mit meiner Urgroßmutter. Sie stand plötzlich im Raum und sagte mir, dass ich mir keine Sorgen machen soll. Sie schaue nach meiner Mama. Das hat mich damals sehr beruhigt und ich konnte dadurch meine Mama besser so sein lassen, wie sie ist. Ich hatte nicht mehr das Gefühl, ich müsste schauen, dass es ihr gut geht. Wenn du meine Mama fragen würdest, dann würde sie wahrscheinlich sagen, dass sie das nicht wahrgenommen hat. Mir war es jedoch bereits als Kind sehr wichtig, dass es meiner Mama gut geht. Vielleicht geht es auch deinem Kind so mit dir? Viele Kinder wollen nur das Beste für ihre Eltern. Sie wirken dann auf ihre kindliche Art in ihrem Umfeld, um Dinge in Bewegung zu bringen und Veränderung einzuleiten.

WIE DU DICH STÄRKEN KANNST

Wenn ganz viele Dinge in deinem Leben gut laufen, Eltern, Kinder, Partnerschaft, Job, dann kannst du die Dinge deinen geistigen Helfern übergeben, indem du sagst: „Ich übergebe es Gott", oder du kannst es auch der Weißen Bruderschaft übergeben. Gib Dinge in deinem Leben ab, damit du nicht alles selber tun musst. Übergib die Dinge und sehe das Licht in jedem Menschen. Dadurch gehst du ins Vertrauen und kannst dich auf die kraftvollen Dinge konzentrieren.

Schau dich im Alltag an. Was brauchst du, damit es dir gut geht? Fehlt dir etwas oder bist du vollständig glücklich? Hast du einen Herzenswunsch? Gibt es Wünsche, die du dir erfüllen oder selbstständig verwirklichen kannst? Damit alles ganz leicht und wie von Zauberhand geht, bitte immer auch deine geistigen Helfer um Unterstützung. Sie helfen dir liebend gerne bei der Erfüllung deiner Wünsche. Ich persönlich erstelle mir immer mal wieder Wunschlisten, die ich zum Beispiel in die Notizen auf meinem Handy oder auf ein Blatt Papier aufschreibe. Ich mache mir Listen über meinen Job, wie es mit meinen Kindern sein soll, meinen zukünftigen Wohnort. Diese Wunschlisten sind Informationen, die ich durch das Aufschreiben, immer mal wieder Durchlesen und das Aktivieren meiner geistigen Helfer ins Universum gebe. Ganz im Vertrauen und Wissen lasse ich es fließen und sich entwickeln. Wenn die Zeit reif ist, dann gehen meine Wünsche in Erfüllung. Es kann auch sein, dass ich Impulse erhalte, was ich für Maßnahmen zur Zielerreichung einleiten soll. Wünsche sind für mich Ziele, d. h. Ausrichtungen, dadurch weiß mein ganzes Wesen: Da möchte Lara hin. Da wünscht sie Unterstützung.

Folgende Reflektion kannst du für dich aus deinem Herz-Bewusstsein beantwortet. Wie du in dein Herz-Bewusstsein eintrittst, erfährst du in diesem Buch im gleichnamigen Kapitel.

- Was macht mich so richtig glücklich?
- Was möchte ich in meinem Leben ändern? + Lösung dazu
- Was belastet mich? + Lösung dazu
- Meine tiefsten Wünsche?
- Was fehlt mir? + Lösung dazu

Hast auch du Wünsche wie einen neuen Job, Partnerschaft, Haus, spirituelle Entwicklung, dann mach dir eine Liste pro Wunsch und schreib darunter auf, wie es genau sein soll. Schreibe auch diese Wunschlisten aus deinem Herz-Bewusstsein. Lass deinen Verstand für einen Moment beiseite. Du kannst am Schluss immer nochmals alles durchlesen und Dinge streichen oder ergänzen. Als ich vor Jahren eine Wunschpartnerliste erstellt habe, hat meine Freundin geschmunzelt und gesagt, dass es so einen doch nicht gebe. Nach einer Weile hatte ich dann genau diesen Partner. Damit du sichergehst, dass dein Wunschpartner mit dir im Veränderungsprozess mithält und sich auch mitentwickelt, kannst du diesen Punkt ebenfalls auf deine Liste aufnehmen.

Während dem Schreiben durfte ich jetzt schmunzeln, denn ich bin mir wieder einmal bewusst geworden, wie großartig meine Mädels sind. Ich gehe immer sehr schnell vorwärts und auch mit den zeitlichen Gegebenheiten. Es läuft durch meinen Job als Spirituelle Lehrerin viel, auch wenn es immer wieder viel Zeit der Ruhe und Regeneration gibt. Meine Mädels halten mit mir mit und wir gehen den Weg gemeinsam. Ich bin stolz auf sie. Es braucht viel Flexibilität, Verständnis, Wissen, manchmal auch Mut und viel Vertrauen.

Wenn du auf etwas stolz und dankbar dafür bist, gibt dir das ein starkes Gefühl. Eine schöne Übung ist die Dankbarkeit. Praktiziere sie täglich für dich oder mit deinen Kindern. Ich habe die Übung für dich in der Notfall-Apotheke für Kinder aufgeschrieben.

Wenn du weißt, was dir guttut und dir dies auch gibst, dann kannst du deine Energie in deinem Alltag viel leichter halten. Ich habe viel Teilnehmer in meinen Ausbildungen, die sagen, dass es ihnen am Seminartag immer so gut geht oder auch wenn sie sonst mit mir in Kontakt sind. Wenn es einem Menschen bei spirituellen Seminaren gut geht, dann macht es Sinn, dass er Übungen, die dort praktiziert werden, auch in seinem Alltag einbaut. „Ich habe keine Zeit" gibt es nicht. Jeder findet dreimal am Tag zwei bis fünf Minuten Zeit, in denen er in sein Herz-Bewusstsein eintauchen und sein wahres Sein ohne Außeneinflüsse spüren kann. Und anschließend diese Energie im Körper und in der Aura wie eine Sonne aus dem Herzen strahlen lässt. Dafür hat jeder Zeit. Ich persönlich empfehle auch täglich energetische Reinigungen der Chakren und der Energiekörper, denn du duschst dich ja auch täglich und putzt deine Zähne. Wenn jemand dann noch das Yoga Zentrum der Liebe mit oder ohne Sonnengruß am Morgen oder Abend durchführt, dann hat er viel für die Stärkung und Ausrichtung seines Wesens geleistet. Schau jeweils für dich, wie viel Zeit du dir für spirituelle Praktiken nimmst. Bedenke, dass all deine Ebenen gelebt und gestärkt werden wollen. Durch eine Balance gleichst du dich täglich aus. Mir tut es zum Beispiel gut, zur Abwechslung mit meinen Mädels Hausaufgaben zu machen, da ich sehr viel auf geistigen Ebenen tätig bin. Ich mache auch wieder regelmäßig Ausdauersport: Mantra singen auf dem Crosstrainer, ein spirituelles Buch auf dem Spinning Bike lesen und Joggen in der Natur. Auch halte ich mein Körper fit und beweglich mit täglichem Yoga am Morgen. Dazu kommt seit Neuestem auch wieder Reiten mit meinen Mädels. Denn während meiner Spirituellen Lehrerausbildung habe ich ganz klar die Info erhalten, dass ich diese Power, die mein Wesen ausmacht, nur in einem trainierten Körper integrieren kann.

Was hast du als Kind, Teenie oder junger Erwachsener für körperliche Aktivitäten ausgeübt, die du wieder praktizieren darfst? Bewegung tut Körper, Geist und Seele gut. Gibt es etwas, dass dir guttäte und du wieder in dein Leben integrieren möchtest?

Seit ich reite, fühle ich mich nicht nur jung, ich fühle mich immer mal wieder wie ein Teenie.

In den Ferien ist mir ein Mann begegnet, der früher Yoga gemacht hat und seit er Kinder hat, nun angeblich keine Zeit mehr dafür findet. Ich habe ihm vom Baby-Yoga erzählt. Du kannst Yoga mit deinen Kindern machen. Es gibt das Baby-Yoga-Buch „Baby Om". Heute findest du sicher dazu auch gute Videos auf YouTube. Du kannst dann gemeinsam mit deinen Kindern die Yoga-Übungen machen oder nur den Sonnengruß. Es gibt so viele Möglichkeiten. Sei erfinderisch und trete aus den alten Spuren heraus. Gehe neue Wege. Gehe vor allem deinen Weg. Höre auf dich und lass dich nicht entmutigen. Du musst ja auch nicht zu vielen erzählen, wie du es machst. Tu es einfach. Ich erzähle dir von Möglichkeiten, um dir Mut zu machen. In meinem Alltag erzähle ich auch nicht jedem auf der Straße von meinem Leben. Außer ich werde danach gefragt.

Balancing im Alltag

Wenn du dich selber täglich in Balance bringst, dann hilft das auch deinen Kindern. Wer in deinem Umfeld ist, wird wie von Zauberhand auch mit einer Prise Balance genährt. Denk daran, alles, was du dir Gutes tust, kommt dir und deinen Kindern und Menschen in deinem Umfeld zugute.

Oft hat man das Gefühl, man müsse doch etwas direkt für die Kinder tun. Die Quantenphysik zeigt jedoch mit ihren Experimenten auf, dass das nicht so ist. Wenn ein Teilchen sich ändert, dann ändert sich das gesamte Umfeld. Sei dir bewusst, dass dein Licht auch zum Wohl von allen leuchtet. Sorge deshalb täglich für dein Wohlbefinden und frage dich: „Was tut mir heute gut?"

oder „Was kann ich mir heute Gutes tun?" Wichtig ist, dass du dir täglich Zeit für dich nimmst, um dich und dein Sein zu spüren und wahrzunehmen. Schau, dass du dich immer wieder findest und immer mehr lernst, bei dir zu sein, auch wenn es rundherum wirbelt. Kinder mögen den Wirbel, denn sie wollen sehen, was er bewirkt. Deine Aufgabe ist es, die Ruhe zu bewahren und deinen Kindern den Weg zu zeigen. Es geht dabei nicht um deinen Weg, es geht um ihren persönlichen Seelenweg. Es gibt auch Kinder, die wollen nicht, dass du direkt in ihre Privatsphäre eingreifst und einwirkst. Diese Kinder wünschen sich stattdessen, dass du im Außen unterstützend wirkst. Wenn sie dann nicht weiterkommen, melden sie sich. Hinterfrage dich immer wieder, ob Dinge, die du weitergibst, wirklich der Neuen Zeit und deinen Kindern entsprechen. Betrachte deine Kinder aus der Sicht eines Spirituellen Lehrers oder Heilers oder wie du diese weise Person in dir auch immer bezeichnen möchtest. In diesem Buch werde ich vom Spirituellen Lehrer sprechen. Damit meine ich dein weises Ich, welches genau weiß, was deine Kinder brauchen und frei von Konventionen und Prägungen aus deiner eigenen Kindheit ist. Vertraue. Auch du hast diesen Anteil in dir. Wecke ihn täglich, damit du ihn nutzen kannst. Es ist dein Ich Bin, dein urgöttliches Sein, welches ganz in der Verbindung mit der Quelle von allem Sein ist. Durch diese Verbindung stehen dir alles Wissen und alle Weisheiten zur Verfügung, die du im Moment brauchst, um deinen Job als Mama oder Papa optimal zu erfüllen. Sei dir bewusst, dass dieser Job ganz besondere Fähigkeiten von dir fordert. Stell dir deshalb auch immer mal wieder folgende Fragen über dein Herz-Bewusstsein:

- Was brauche ich im Moment für Fähigkeiten, damit ich die Situation X mit meinem Kind optimal meistere?
- Welche geistigen Helfer stehen mir für diese Aufgabe zur Seite?
- Welche Farben helfen mir dabei, mich selber in Balance zu bringen?
- Welche Farben stärken meine Kinder oder welche Farben braucht mein Kind X im Moment, damit es ihm gut geht? Gibt es eine Affirmation, die ich für meine Kinder sprechen kann, um sie in ihrem Wesen zu stärken?

Wenn du Klarheit hast, dann weißt du auch genau, was zu tun ist. Nimm dir deshalb immer wieder in deinem Alltag Zeit um Dinge, die dich beschäftigen, aus deinem Herz-Bewusstsein heraus, deinem „Ich Bin" in deinem Herzen zu erkennen und Antworten abzuholen.

Beantworte die oben stehenden Fragen durch dein Herz-Bewusstsein wie folgt:

- Nimm dir einen Moment Zeit und tauche in dein Herzchakra ein. Fahre wie mit einem Lift hinunter vom Stirnbereich in dein Herzchakra.
- Atme ein paar Mal tief durch deine Nase in dein Herzchakra ein und durch deinen Mund aus. Lass deinen Alltag und Belastendes über deine Füße beim Ausatmen abfließen.
- Gehe nun in eine ruhige und entspannte Herzatmung über, indem du durch deine Nase in dein Herzchakra einatmest und auch wieder aus deinem Herzchakra ausatmest.
- Dein Kronenchakra ist schön geöffnet und du atmest beim Einatmen Licht und Liebe der Quelle in dein Herzchakra ein und aus. Gleichzeitig strömen über deine Fußsohlen und dein Wurzelchakra beim Ein- und Ausatmen Licht und Liebe vom Herzchakra von Mutter Erde ein in dein Herzchakra und wieder hinaus. Hinweis: Wenn es für dich einfacher ist, dann kannst du dich auch einen Moment auf die Verbindung mit der Quelle konzentrieren, nur dieses Licht in dein Herzchakra ein- und ausatmen und anschließend einen Moment dasselbe mit dem Licht und der Liebe von Mutter Erde machen. Danach lässt du das Licht und die Liebe der Quelle und vom Herzchakra von Mutter Erde gleichzeitig ein- und ausströmen.
- Stell dir eine goldene Kugel auf der Ebene der Quelle von allem Sein vor, eine goldene Kugel in deinem Herzchakra und eine goldene Kugel im Herzen von Mutter Erde. Diese drei Kugeln sind durch eine Diamantlinie miteinander verbunden. Dadurch bist du schön gemittet und du kannst das Wissen der Quelle über dein Herz-Bewusstsein abrufen. Tauche dazu in dein Herzchakra ein.

- Ruhe einen Moment ganz in deinem Herzchakra und stelle dir dann die Fragen, auf welche du Antworten haben möchtest. Achte auf die ersten Impulse, die kommen, sobald du die Frage gestellt hast. Diese sind oft sehr sanft. Sie können als Bilder, eine innere Stimme, ein Wissen oder ein Gefühl auftauchen. Vertraue auf diese Impulse und schreibe sie dir auch auf, damit du sie später noch weißt und mal wieder nachlesen kannst.

Yoga Zentrum der Liebe

Wenn du diese Übung in deinen Alltag so wie z. B. das Zähneputzen am Morgen einbaust, dann unterstützt du den gesunden und harmonischen Energiefluss und auch den Fluss der Körpersäfte in deinem physischen Körper. Dein Körper wird aktiviert und du fühlst dich frisch und munter. Es ist ein Ankommen bei dir mit deinem ganzen Sein in deinem physischen Körper. Dadurch fühlst du dich gestärkt und hast ein gutes Körpergefühl. Auch deine geistige Entwicklung wird gefördert, da du mit der Prana-Atmung deine feinstofflichen Körper anregst, stärkst, reinigst und ausrichtest.

Prana-Atmung

Für die Prana-Atmung berührst du mit der Zunge den unteren Gaumen gleich unterhalb der Zähne leicht. Der Mund ist etwas geöffnet. Über den Mund ein- und ausatmen so, dass der Atem wie der Ozean klingt. Die Zunge berührt während der gesamten Atmung den unteren Gaumen.

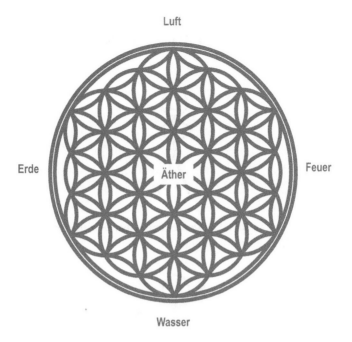

Luft

Erde   Äther   Feuer

Wasser

Du machst die Prana-Atmung ausgerichtet nach den Elementen –
Luft, Feuer, Wasser, Erde – im Kreis. Wobei du im Zentrum
des Kreises startest, dem Element Äther, dem feinstofflichen
Element. Die Punkte 1 bis 8 führst du jeweils für jedes Element
durch. Als zusätzliche Variante kannst du am Schluss bei jedem
Element den Sonnengruß aus dem Yoga anhängen.
Ich persönlich mache die Variante mit Sonnengruß und gebe dies
auch so in meinen Ausbildungen weiter. Es fällt mir immer wieder
an den Ausbildungstagen auf, dass durch die Mobilisierungs-
übungen des Sonnengrußes alle Teilnehmer unmittelbar mehr
leuchten und ihre Aura weißer und somit reiner ist. Du brauchst
maximal 15 Minuten für den gesamten Ablauf, was du dir sicher-
lich am Morgen einrichten kannst, indem du zum Beispiel früher
aufstehst. Viel Spaß, Mobilität und Reinheit!

1. Atme zwei- bis dreimal bewusst ein und bewusst aus deinem Mund aus, während du die Arme in Gebetsposition vor der Brust hältst.

2. Atme ein, während du deine Arme über deinen Kopf führst und sie zu einem V öffnest.

3. Atme aus, während du deine Arme seitlich am Körper hinunter-führst, bis sie beinahe deine Oberschenkel seitlich berühren.

4. Atme ein, während du deine Arme vor deiner Brust öffnest
   und sie seitlich wie Engelsflügel ausstreckst.

5. Atme aus, während du deine Arme wieder seitlich zu deinen
   Oberschenkeln hinunterführst.

6. Atme ein, während du deine Arme vor deinem Vorderkörper
   mit den Handflächen nach unten zeigend hoch bis auf die
   Höhe deiner Brust führst. Deine Armbewegungen sind ganz
   sanft wie Wellen.

7. Atme aus, während du deine Arme wieder am Vorderkörper hinunter bis zu deinen Oberschenkeln bewegst.

8. Atme ein, während du deine Hände wie bei Punkt 6 beschrieben hochnimmst und dann mit deinen Händen eine Schale formst, die du zu deinem Mund führst. Du stellst dir dabei vor, dass du das Licht in deinen Händen isst. Das ist Lichtnahrung für deine Energiekörper.

Schnellbalance der Chakren

Dein Daumen, Zeige- und Mittelfinger berühren sich an den Fingerspitzen. Jedes Chakra vom Wurzelchakra bis zum Kronenchakra berührst du kurz mit diesen drei Fingern. Anschließend mit den Fingern zur Reinigung kurz vor dem jeweiligen Chakra schnippen oder einmal in die Hand klatschen. Eine Klangschale hat dieselbe Wirkung wie das Fingerschnippen.

Schnellreinigung der Chakren

Lege oder setze dich hin. Schließe deine Augen. Setze in jedes deiner Hauptchakren inkl. Thymuschakra, welches zwischen Herzchakra und Kehlkopf liegt, eine violette Flamme. Wirkung: Schnellreinigung der Chakren. Wirkt klärend.

Merkaba-Atmung

Atme ganz stark von deinem Herzchakra aus in jede Spitze deiner Merkaba, so als ob du Feuer aus deinem Herzen strömen lassen möchtest. Wirkung: Reinigung deiner Energiekörper.

Weißes Licht tanken

Verbinde dich mit der Quelle von allem Sein und dem Herzchakra von Mutter Erde über deine Atmung. Atme dabei in dein Herzchakra ein und beim Ausatmen atmest du über dein Kronenchakra hinaus bis zur Quelle von allem Sein, der Zentralsonne im Universum. Wenn du spürst, dass du mit der Quelle verbunden bist, tankst du das reine weiße Licht über deinen Scheitel. Lass dieses Licht in deine Seele strömen, deine Zellen und alle Ebenen deines Seins nähren. Spüre, dass du ein reiner göttlicher Lichtkanal bist. Atme tief und bewusst durch deine Nase ein. Dann atmest du beim Ausatmen über deine Füße bis ins Herzchakra von Mutter Erde hinunter. Auch sie trägt Christuslicht. Beim Einatmen nimmst du ein paarmal bewusst dieses Licht über deine Füße in dein Herzchakra auf. Mit der Zeit atmest du gleichzeitig hoch zur Quelle und hinunter ins Herzchakra von Mutter Erde. Beim Einatmen ziehst du das Christuslicht von Himmel und Erde in dein Herzchakra hinein. Bleib einem Moment bei dieser Herzatmung und fülle dich mit dem reinen weißen Licht. Öffne dann deinen inneren Tempel bewusst, indem du die rechte und die linke Herztür (Lungenflügel) ganz

aufmachst. Strahle nun das reine weiße Licht aus deinem Herzchakra, sodass es deine Aura stabilisiert.

Diese Kurzbalance findest du als eine ausführliche gesprochene
Version auf meiner Medtitations-CD „Light Healing Meditation".

Affirmationen

Ich persönlich richte meine Affirmationen auf Gott aus oder
spreche die Weiße Bruderschaft an. Die geistigen Helfer habe
ich in meinem Buch „Die Schlüssel der Engel" beschrieben. Am
besten ist, wenn du mit den lichtvollen Helfern arbeitest, die dir
vom Gefühl her nahe sind. Du kannst in den folgenden Sätzen
die geistigen Helfer beliebig ersetzen mit Weißer Bruderschaft,
Gott, Engel, Elohim.

Wenn du Affirmationen sprichst, dann spreche sie klar und bestimmt, sodass eine klare Energie von dir ausgeht. Vertraue auf
die Wirkung des Gesprochenen. Ich persönliche spreche auch
sehr oft Affirmationen, während ich mit anderen Menschen zusammen bin, innerlich für mich. Dadurch hole ich die Kraft in
den Raum, die es im Moment braucht, sodass nicht ich als Mensch
den Job, der ansteht, erledigen muss. Ich spüre dann eine Stärke,
bleibe ausgerichtet und kann meine Kraft halten. Ich habe dann
auch nicht das Gefühl, ich müsse jemanden retten. Außerdem läuft
dadurch nichts über mich als Mensch. Denn es gibt viele Heiler
und Spirituelle Lehrer, die andere Menschen über sich heilen. Ich
mache das nicht. Das wäre mir viel zu anstrengend mit drei Mädels
und meinem Job als Spirituelle Lehrerin. Außerdem besteht so
keine Gefahr, dass mein Gegenüber irgendwelche Dinge von mir
abbekommt, wenn ich ihn über meinen physischen Körper heile.
Ich bin der Meinung, dass es sinnvoller ist, sein Licht, das Herz-

licht, strahlen zu lassen. Diese Energie ist so stark, dass dadurch unmittelbar Heilung geschieht, ohne dass ich sonst etwas tun muss. Probiere es aus. Es ist ganz leicht und tut auch dir selber sehr gut.

Affirmationen, die deine geistigen Helfer aktivieren

Liebe geistige Helfer, macht ein Wunder aus dieser Situation und dreht sie um 180°.

Lieber Gott, übernimm du die Führung meiner Kinder.

Lieber Gott, ich gebe dir (Name des Kindes einfügen) in deine Hände.

Liebe Weiße Bruderschaft, ich bitte um ein Wunder in eurer Perfektion. Lasst jetzt ein Wunder geschehen.

Meine geistigen Helfer stehen jederzeit an meiner Seite und unterstützen mich mit meinen Kindern.

Liebe Engelslegionen, kommt in mein Zuhause und bringt Liebe, Harmonie und Glück.

Liebe Engelslegionen, schützt meine Kinder jeden Moment.

Liebe Engelslegionen, reinigt mein Zuhause und füllt es mit viel Liebe und Freude auf.

Affirmationen für mehr Liebe

Liebe leitet mich,
Liebe begleitet mich,
Liebe durchströmt mich.

Liebe in mir, um mich herum und durch mich durch.

Affirmation zur Stärkung in Alltagssituationen mit deinen Kindern

Ich Bin Meister meines Lebens. Ich meistere die Situationen mit meinen Kindern.

Ich Bin Meister meiner Emotionen, meiner Gedanken, meiner gesprochenen Worte, meiner Handlungen.

Der Meister in mir, mein „Ich Bin", zeigt mir allzeit den stimmigen Weg und gibt mir klare Zeichen, was JETZT wichtig ist.

Ich Bin ruhig, entspannt und gelöst.

Ich Bin Meister meiner Gedanken, meiner Emotionen, meiner Worte, meiner Taten.

Ich Bin zentriert und klar.

Ich Bin ganz stabil und ausgerichtet.

Affirmationen, die dein Energiefeld stabilisieren und dadurch schützen

Ich Bin allzeit geschützt und zentriert.

Ich Bin der Schutz, den ich brauche.

Affirmationen, die dich motivieren und aufbauen

Ich Bin ein Wunder und erkenne die Wunder in meinem Leben.

Ich Bin allzeit geführt und höre auf mein Herz-Bewusstsein.

Ich Bin die Liebe, die ich mir wünsche.

Ich Bin Friede, Freude und Leichtigkeit.

Ich Bin ein göttliches Wesen und lebe es jeden Moment in meinem Alltag.

Ich Bin weise und lebe dies in meinem Alltag.

Affirmationen, die dir helfen so zu sein, wie du sein möchtest

Ich Bin ein Licht für die Welt und strahle dieses aus.

Ich Bin Liebe.

Ich Bin Freude.

Ich Bin Leichtigkeit.

Ich Bin stabil, zentriert und ausgeglichen.

Ich Bin vollständig in meiner Mitte.

Ich lebe mein Potential.

Ich Bin Kraft, Liebe und Freude.

Notfall-Apotheke für Eltern

Licht-Atmung

Reines klares Licht einatmen und dadurch in Liebe die Körper-
zellen ankurbeln, sodass sie rein und in ihrer göttlichen Kraft
im physischen Körper wirken.
Wirkung: Ausgleichend, stärkend und erhellend.

Taube Gottes

Die Taube Gottes gedanklich auf den Haaransatz des Kindes setzen,
sodass es sein Wesen vollständig im physischen Körper leben kann.
Wirkung: Hilft dem Kind, sich mit seinem gesamten Wesen in
seinem Körper zu verankern.

Augenkontakt

Kinder in ihrem Seelenlicht berühren, durch einen bewussten
Blick in die Augen.
Wirkung: Seelenkontakt herstellen. Gibt dem Kind ein gutes
Gefühl.

Engelsflügel

Bewusst Engelsflügel am Rücken spüren und ausdehnen.
Wirkung: Spendet Leichtigkeit und Schutz.

Ausrichtung nach dem Höchsten

Richte dich täglich nach dem Höchsten aus. Stell dir die Quelle
von allem Sein vor wie einen Sonnenball und richte dich nach

ihm aus. Richte ab und zu auch untertags deinen Blick auf
diesen goldenen Ball aus.
Wirkung: Wirkt ausgleichend, stärkend und aufbauend.

Yoga und Dehnen

Yoga und Dehnen sind Möglichkeiten, deine Beweglichkeit zu
bewahren. Deine Lebensenergie fließt in all deinen Körpern.
Damit diese auch in der festen Materie wie deinem Körper
schön harmonisch strömen kann, solltest du immer mal wieder
Dehnungsübungen oder Yoga machen. Bereits der Sonnengruß,
ein paar Mal durchgeführt, bewirkt Wunder. Du findest viele
Anleitungen auf YouTube oder in Büchern.
Wirkung: Beweglichkeit und Flexibilität in deinem Leben werden
angeregt. Du fühlst dich wohl in deiner Haut und die Energien
fließen schön harmonisch in dir.

Atmung

Atmung ist Leben. Atmung ist Reichtum. Atmung bringt dein
Leben und dich in Fluss. Geführte Atemübungen findest du auf
meiner Meditations-CD „Licht-Atmung".
Wirkung: Stärkung, Stabilisierung, Anregung des Energie-
flusses und Heilung.

Rosa Bauch

Male deinen gesamten Bauch und deinen emotionalen Körper in
Gedanken Rosa aus.
Wirkung: Spendet Liebe und Geborgenheit. Stabilisiert die
Emotionen.

Goldene Flammen

Sitze gedanklich auf einer goldenen Flamme, die all deine Körper (physischer Körper und Energiekörper) durchströmt.
Wirkung: Löst Blockaden, ausgleichend und beruhigend. Hilft, besser im göttlichen Fluss zu sein.

Blau um deine Aura

Umgebe deine Aura gedanklich mit Blau.
Wirkung: Spendet Ruhe und Schutz.

Energetische Nabelschnüre lösen

Löse die energetischen Nabelschnüre in deinem Bauch zu deinen Kindern oder anderen Menschen, indem du sie abschneidest. Die Herzverbindungen dürfen immer sein. Dadurch kannst du dein Kind besser loslassen. Jeder ist von euch ist frei.
Wirkung: Bindungen und Verstrickungen werden gelöst. Du fühlst dich frei.

Bauch mit der violetten Flamme reinigen

Reinige deinen Bauch gedanklich mit der violetten Flamme, indem du ihn mit der Flamme durchströmst. Alle Restinformationen von Schwangerschaften und deinen Kindern dürfen sich jetzt auflösen. Dein Bauch ist jetzt wieder ganz rein.
Wirkung: Reinigend, hilft dir, dein Leben zu leben und deinen Kindern ihr Leben zu lassen.

Göttliches Lot

Stell dir einen goldenen Faden von der Quelle von allem Sein durch dein Kronenchakra in deinen Körper vor. Er reicht bis ins Herzchakra von Mutter Erde. Immer wenn dich etwas aus der Balance gebracht hat, kannst du dich in diesem „Göttlichen Lot" wieder einpendeln. Konzentriere dich dabei auf den goldenen Faden und pendle dich ein.
Wirkung: Harmonisierend, auflösend und heilend.

Energien manifestieren

Was brauchst du im Moment? Manifestiere Energien für dich, deine Kinder, dein Zuhause, indem du dir sagst: „Ich manifestiere Liebe, Freude, Leichtigkeit, Heilung. Wähle die Energien, die dir/euch guttun."
Wirkung: Kann unmittelbar die Atmosphäre verändern. Manifestation von Energien.

Grounding

Stell die Füße auf den Boden und steh etwa hüftbreit hin, sodass du einen guten Stand hast. Spür den Bodenkontakt und verbinde dich bewusst mit Mutter Erde. Spüre ihre Kraft und sei dankbar, dass du hier auf der Erde sein darfst.
Wirkung: Diese Übung erdet, gibt dir Stabilität und einen guten Stand in deinem Alltag.

Loslassen über die Atmung

Atme ein paarmal durch deine Nase ein und durch deinen Mund aus. Lass bewusst alles, was jetzt gehen darf und du loslassen möchtest, über deine Atmung beim Ausatmen los.
Wirkung: Hilft loszulassen.

Zentrierung

Stelle dir einen weißen Lichtkanal vor, der dich umgibt. Um diesen Kanal herum hat es Feuerflammen, die alles, was dir nicht guttut und dich stört, verbrennt. Du stehst in der Mitte dieses Kanals und dein Herzchakra strahlt in seiner vollen Kraft, in Pink, Gold oder einer anderen sanften Farbe, die für dich stimmig ist. Konzentriere dich für einen Moment auf dieses große Herz.

Wirkung: Bei dir in deiner Mitte zentriert sein. Loslassen von dem, was außen ist. Ruhe und Regeneration finden.

Herzschutz und Stärkung

Mach gedanklich deinen Herzraum ganz auf, indem du die Herztüren öffnest. Öffne den rechten und den linken Lungenflügel. Tauche einen Moment in dein Herzchakra ein und spüre dort deine Kraft. Ummale deinen gesamten Herzraum mit einem schönen leuchtenden Grün.

Wirkung: Herzöffnung, Liebe stärken, Herzraum schützen.

KLEINKINDER

Von Engeln getragen und lange bewusst geleitet und begleitet werden die kleinen Seelen. Sie kommen rein und leuchtend und als Wunder des Himmels auf die Erde. Weshalb lieben Mädchen Prinzessinnenkleider und Rosa? Es vermittelt ihnen Liebe und das Licht. Lasst die Kinder ihr Licht, ihre Kraft und ihre Liebe bewahren. Das ist eine Aufgabe, die auch ich täglich mit meinen drei Mädchen erlebe.

Es gibt kein Patentrezept, welches für jedes Kind passt. Sei dir jedoch bewusst, dass alles eine Schwingung hat und die Kinder dem ausgesetzt sind, womit sie sich befassen.

Deine Kinder dürfen in den ersten drei bis fünf Lebensjahren noch sehr behütet und beschützt aufwachsen. Solange sie noch nicht im Kindergarten sind, kannst du sie ganz leicht von Süßigkeiten, Computerspielen, Fernsehen und dem Internet fernhalten. Dadurch können sie weiter in ihrer Welt leben und sie sind gestärkt für die späteren Erfahrungen im Außen. Schau für dich die ersten Lebensjahre, was du deinen Kindern weitergeben möchtest. Ich habe mit meinen Mädels Baby-Yoga gemacht und habe ihnen die ersten zwei Jahre täglich eine Baby-Massage gegeben. Dazu gibt es super Bücher auf dem Markt mit leichten Anleitungen. Auch danach habe ich fast täglich Energiebalancen durchgeführt, sanfte Meditationsmusik oder Mantras laufen lassen. Wir gingen auch täglich in die Natur spazieren oder auf einen Naturspielplatz. Heute lasse ich sie immer mehr die sogenannte „normale" Welt erfahren durch Internet, Computerspiele und Filme, die sie sich anschauen dürfen. Ich dränge ihnen nicht mein Sein auf. Ich lasse sie erfahren und manchmal gebe ich wieder einen Wink und führe sie in die Mitte ihres Weges und ihres

Seins. Ich finde nicht alles gut, was sie machen und kann auch viele Dinge, die Kinder spielen und nachahmen, nicht leiden und doch weiß ich, dass diese Erfahrungen für sie wichtig sind.

Was ist wichtig?

Babys kommen vollkommen auf die Welt. Ihr Kronenchakra ist ganz geöffnet und dadurch sind sie noch sehr mit dem Himmel und den Engeln und sonstigen Lichtwesen verbunden.

Wenn ein Baby auf die Welt kommt, dann darf es die ersten drei Monate nach der Geburt sehr geschützt und behütet werden. Auch für die neuen Eltern ist es ein sich Finden, wo nicht zu viele Außenkontakte stattfinden sollten. Das Neugeborene braucht Ruhe, wie auch seine Eltern. Es darf sich in seinem Körper zurechtfinden. Es geht noch viel auf Reisen außerhalb seines Körpers. Deshalb sind der Schlaf und eine ruhige und harmonische Umgebung sehr wichtig. Auch ein Tragetuch kann dem neugeborenen Wesen Schutz und ein Gefühl wie in Mamas Bauch geben. Wenn die Eltern ein Job-Sharing in der Kinderbetreuung haben, dann ist es auch ein wunderschönes Verbundensein für den Papa mit dem Baby.

Dein Baby hat sich dich als Häuschen für eine Schwangerschaft ausgewählt und braucht deinen Schutz auch die ersten drei bis elf Jahre. Wobei der Schutz sich immer mehr auf einen energetischen verlagert. Die einen Kinder brauchen die körperliche Nähe länger als andere. Streicheleinheiten liebt jeder, auch wenn Kinder es nicht immer zeigen.

Dein Kind ist nicht dein Eigentum, so wenig wie es dein Partner ist. Schenk deinem Kind das Gefühl frei zu sein, es selbst sein zu dürfen und zwing ihm weder dein Weltbild noch deinen

Lebensstil auf. Denn vielleicht ist es wie bei Kolumbus, der entdeckte, dass die Erde rund ist. Vielleicht gibt es Dinge, vor allem technologische Dinge, die du in 20 Jahren anders ansehen würdest. Horche auch auf die Impulse, die dir dein Kind gibt. Betrachte es mit den Augen deines Herzens. Ist es ein gelenkter Wunsch, den dein Kind durch Freunde und Medien hat, oder ist es etwas, wofür du dich öffnen solltest? Schau immer genau hin.

Babys haben eine ganz hohe Schwingung. Ihre Körper können sich sehr gut von Prana, Lichtnahrung, welche der Mensch über seine Atmung und seine Haut aufnimmt, ernähren. Deshalb haben Kinder, wenn du ihnen natürliche Nahrungsmittel gibst, oftmals nur wenig Hunger. Produkte mit Zusatzstoffen stimulieren den Appetit auf das jeweilige Nahrungsmittel, deshalb kann es sein, dass dein Kind davon mehr essen und trinken möchte.

Stillen

Stillen ist ein wunderschönes Miteinander. Es ist eine gemeinsame Zeit der Ruhe und des Kuschelns. Muttermilch enthält alle wichtigen Nährstoffe, die dein Baby zum gesunden Sein braucht. Du könntest es mehrere Jahre nur von deiner Brust ernähren. Möchtest du deinen Milchfluss ankurbeln, dann iss Ingwer oder trinke Ingwertee, trinke Kokoswasser und bereite Kokosmilch zum Beispiel als ein rotes Curry oder Kokossuppe zu. Achte darauf, dass du keinen Kohl und sonstige blähungsfördernde Nahrungsmittel wie Kuhmilchprodukte und Weizen zu dir nimmst. Halte deinen Zuckerkonsum auf dem Minimum. Trinke möglichst während der Stillzeit auch kein Kaffee.
Ich habe meine Mädels ein bis eineinhalb Jahre gestillt und habe, wenn ich gearbeitet habe, bereits ein oder zwei Wochen nach der Geburt Milch von der Brust abgepumpt. Wenn du auch arbeitest, dann starte früh mit dem Abpumpen, damit sich deine Brust daran gewöhnt. Du kannst auch abpumpen, damit deine Brust mehr Milch produziert. Nach drei bis sechs Monaten kannst du deinem Baby selbstgemachte Reismilch in die Mutter-

milch mischen. Im Buch „Die fünf Elemente Ernährung für Mutter und Kind" findest du vor allem für die Zeit während der Schwangerschaft und nach der Geburt Ernährungshinweise. Nach sechs bis acht Monaten kannst du dann auch Gemüse wie Kartoffeln oder Karotten dem Reisgetränk beifügen. In meinem Buch „Die Schlüssel für deine Gesundheit" findest du für alle Altersgruppen Rezepte und Ernährungshinweise.

Wenn du nicht stillen kannst, dann besorge dir ein Schoppenpräparat aus dem Naturladen ohne Zusatzstoffe und Zucker. Dein Kind wird noch genügend Zucker in seinem Leben erhalten. Bedenke, dass das Prana, welches du aufnimmst, wenn du meditierst oder Yoga machst, ganz viele Nährstoffe enthält, die der Mensch von heute braucht. Viele Vitalstoffe sind auf der Erde noch nicht mal bekannt. Auch dein Baby nimmt dieses Prana beim Stillen über die Muttermilch zusätzlich auf. Licht enthält grundsätzlich alles, was der Mensch braucht. Jeder könnte sich von Prana ernähren. Ich persönlich esse bewusst Lichtnahrung durch das Yoga Zentrum der Liebe am Morgen und ernähre mich zusätzlich natürlich. Am liebsten habe ich Smoothies. Das war bereits als Kind so. Ich liebte auch Babybreie mit Bananen und habe es auch heute noch sehr gerne. Lass deinen Kindern ihr natürliches Essverhalten. Wenn sie Hunger haben, dann essen sie. Haben sie genügend Vitalstoffe von einem Nahrungsmittel aufgenommen, dann kann es sein, dass sie es eine Zeit lang nicht mehr essen. Ich habe mich, seit ich 14 Jahre alt war, mit Ernährung und Ernährungslehren befasst. Nachdem ich 2011/2012 den Softie Lichtnahrungsprozess gemacht habe, kam ich zu der Erkenntnis, dass alles Illusion ist, was an Ernährungstheorien aufgestellt wurde. Wichtig ist, dass du weißt, dass leichte natürliche Nahrungsmittel die Schwingung des Menschen erhöhen. Möchtest du deinem Kind seine hohe Schwingung lassen, sodass all seine Chakren schön geöffnet sind und seine Aura schön hell strahlt, dann gib ihm keine oder nur wenige schwere Nahrungsmittel. Schwere Nahrungsmittel im energetischen Sinne sind künstliche Nahrungsmittel, Fleisch, Getreideprodukte (außer Reis), Kuhmilchprodukte und Nahrungsmittel mit Zucker.

Lass dein Kind selber entscheiden, wann es genug gegessen hat. Wenn es nicht essen möchte, dann kannst du ihm einen Shake zum Frühstück geben, nachdem du abgestillt hast. Es gab Zeiten, da habe ich meinen Mädels dreimal am Tag einen Smoothie oder Shakes hingestellt. Sei dir bewusst, dass dein Kind nicht verhungert und dass es ein gutes Körpergefühl hat. Lass ihm dieses Gefühl, damit es auch in Zukunft noch sehr gut funktioniert. Die Körpersignale sind in Zukunft hilfreich, so weiß dein Kind immer, was ihm guttut und es hört weiterhin auf seinen Körper.

Reis ist ein Nahrungsmittel, welches kleinen und auch großen Kindern und Erwachsenen guttut. Die reinigende Wirkung kann jeder gebrauchen. Misch etwas Oliven- oder Kokosöl darunter und würze mit Himalayasalz, dann hast du ein gesundes Essen für dich und deinen Sprössling. Mit der Zeit probiert dein Kind sicher auch Gemüse oder Salat dazu aus. Lass deinem Kind Zeit. Sei dir bewusst, dass alles Schwingung und Information ist. Dein Kind ist auf die Erde gekommen und nun so vielen Informationen ausgesetzt. Je weniger Nahrungsmittel und Abwechslung du in der Ernährung gibst, desto weniger Informationen muss dein Kind beim Essen verdauen und verarbeiten.
Es komme viele neue Seelen im Westen auf die Welt, die wenig inkarniert oder das erste Mal hier sind. Lass ihnen ernährungstechnisch Zeit zum Ankommen. Hör nicht auf die alten Ernährungstheorien. Sie wurden nicht für die Kinder von Heute gemacht.

Ich habe meinen Kindern die ersten sieben Lebensjahre weder Milchprodukte noch Weizen noch künstliche Nahrungsmittel und auch keinen Zucker gegeben. Bei der Jüngsten waren es dann noch fünf Lebensjahre. Du kennst das sicher auch, wenn die Älteren etwas haben, dann wollen es die Jüngeren auch.

Wusstest du, dass Kinder sich von Licht ernähren und das Licht (Prana) eine reine Lebensenergie ist, die alle Vitalstoffe enthält, welche der Mensch physisch und auch für seine feinstofflichen Körper braucht? Der Mensch besteht aus verschiedenen Ebenen des Seins. Wichtig ist, dass er auf allen Ebenen genährt wird. Licht nährt jede Schicht deines Seins und das deiner Kinder. Es gibt ein interessanter Film zu diesem Thema: „Am Anfang war das Licht". Mir ist bei diesem Film der Test mit den Affen geblieben. Der eine erhielt keine Nahrung und lebte somit nur von Licht. Der andere Affe bekam ganz normales Essen. Der, welcher sich nur von Licht ernährte, hatte ein wunderschönes Fell, strahlte und sah sehr jung aus. Der andere Affe war genau das Gegenteil. Weshalb? Nahrungsmittel müssen im Körper verarbeitet und abgebaut werden. Dadurch wird Lebensenergie verbraucht, die zum Aufbau, zur Regeneration und für die Entwicklung der Zellen wichtig ist. Ich möchte dir nicht sagen, dass du nur von Licht leben sollst. Sei dir einfach bewusst, dass deine Kinder eine Quelle von Lebensenergie nutzen, die sie immer mit dem versorgt, was sie brauchen. Schön ist, wenn auch du immer mehr lernst, dich wieder von Prana zu ernähren. Die „normale" Nahrung kannst du immer noch so genießen, wie es für deinen Lebensstil und deine -einstellungen stimmig ist. Wichtig ist, dass jeder seinen ureigenen Weg geht und sich nicht von anderen beeinflussen lässt.

Dein Baby und auch Kleinkind hat noch ein ganz zartes Lichtgewand, das sehr sanft und in Pastelltönen strahlt. Medikamente, starke Farben und auch zu viele Außeneindrücke können es irritieren. Es braucht dann auch wieder Zeit, um sich zu regenerieren. Es gibt jedoch heute auch Kinder, die so stabil sind, dass sie fast nichts aus der Ruhe bringt.

Der Fernseher zum Beispiel strahlt ganz viele Lichtimpulse in einem Blauton aus, der vor allem auf die mentale Ebene abzielt. Damit dein Kind noch lange im Herz-Bewusstsein sein und hoffentlich bleiben kann, lohnt es sich, ihm die ersten Lebensjahre keinen Fernseher, kein Handy oder dergleichen zu geben. Vielleicht lässt du es mal mit zwei bis vier Jahren ein paar Mal pro Jahr einen Walt-Disney-Film schauen oder auf deinem Handy mit vier bis fünf Jahren Fotos anschauen. Dann kommt die Zeit, in der dein Kind in den Kindergarten kommt und es möchte dann auch das gleiche wie andere Kinder. Schau dann immer noch, dass du Filme und Computerspiele auf einem Minimum hältst. Du wirst spüren, wann der Druck von deinem Kind und das Verlangen zu groß werden, sodass du ihm dann täglich eine kleine Dosis und mit der Zeit eine größere Dosis an Internet, Games und Filmen gibst. Weniger ist mehr. Ab zehn bis elf Jahren braucht dein Kind dann immer mehr Freiheiten und auch Verantwortung. Es möchte mit den Nachbarskindern mithalten können. Lass ihm dann mit einem halben oder den ganzen Tag Internet immer mehr Freiraum. Vertraue, dass es selber eine Balance finden wird. Beobachte gut und gib auch mal eine Tag Internet-Pause, wenn es dein Kind braucht.

Affirmationen

Diese Affirmationen kannst du für dein Kind sprechen. Die Schwingung wird zu ihm getragen. Da es noch sehr klein und dir auch sehr nahe ist, wirkt das, was du tust, sehr direkt auf dein Kind. Achte auch deshalb gut auf dich in deinem Alltag.

Affirmationen für Schutz und Geborgenheit

Du bist allzeit geschützt und geliebt.

Ich umgebe dich mit einem goldenen und rosa Licht, das dir Liebe und Schutz spendet.

Du stehst unter höchstem göttlichen Schutz.

Du bist in deiner Liebe geschützt und geboren.

Affirmationen für die Anrufung von geistigen Helfern

Deine geistigen Helfer stehen dir allzeit zur Seite.

Einhörner sind an deiner Seite und schützen dich und spenden dir Liebe.

Ich umgebe dich mit einem Einhornkreis, der dich schützt.

Deine göttlichen Führer sorgen für dein Wohl und leiten dich.

Affirmationen zur Stärkung

Du bist Licht, du atmest Licht und du nährst dich von Licht.

Dein Licht wird dich für immer umhüllen und behüten.

Deine Liebe ist ein Magnet, der das in dein Leben zieht, was dir guttut.

Du schläfst tief und entspannt und wachst ganz ruhig wieder auf.

Du bist ganz ruhig und zentriert.

Du teilst mir all deine Wünsche und Bedürfnisse klar und für mich verständlich mit.

Du bist ein Wunder, und Wunder geschehen permanent in deinem Leben.

Dein Licht strahlt rein und klar und erleuchtet die Welt.

Du bist ein Geschenk Gottes für die Welt.

Ich erkenne und achte dein Wesen.

Ich schaue nach dir, so wie du es im Moment brauchst.

Der Diamant in deinem Herzen strahlt jeden Moment in seiner Vollkommenheit.

Du bist ein strahlendes Wesen und entfaltest dich in deiner Vollkommenheit auf der Erde.

Notfall-Apotheke für Kleinkinder

Alle Übungen aus dieser Serie und auch die anderen in diesem Buch kannst du, wenn sie dir guttun und dir gefallen, für alle Altersstufen einsetzten. Ich habe die Notfall-Apotheken in diesem Buch nach Altersgruppen gegliedert. Dadurch wollte ich dir die Handhabung mit den Übungen erleichtern. Fühle dich frei, die Übungen zu machen, die dir gefallen. Schmökere doch auch mal in allen Notfall-Apotheken, dann hast du einen großen Schatz an verschiedenen Möglichkeiten. Wähle dann die aus, welche dir besonders gefallen. Du hast in diesem Buch eine Vielfalt zur Verfügung und wirst sicher deine Favoriten finden. Auch ich mache eine Weile gewisse Übungen und irgendwann gehe ich zu den nächsten. Es gibt auch solche, die mich immer begleiten wie die Chakra-Reinigung, das Yoga Zentrum der Liebe, Herz-Bewusstsein und gewisse Affirmationen. Finde auch du für dich und deine Kinder Möglichkeiten, durch diese Übungen euer Wesen zu stärken.

Herzberührung

Nimm dein Baby sanft an dein Herzchakra. Schenk ihm ganz
viel Liebe und fühle die Geborgenheit, die durch euer Kuscheln
entsteht.
Wirkung: Austausch von Liebe. Schenkt das Gefühl von Geborgenheit.

Kristallkreis

Lege einen Kristallkreis mit Bergkristallen oder Rosenquarz
oder Steinen, die du für dein Kind passend findest, um dein
Kind herum. Lass es in diesem Kreis einem Moment ruhen.
Wirkung: Tankt das Kind auf, bringt es in Balance und schützt
es. Es kann in Kontakt mit den Kristallen treten.

Schönes Einschlafen

Zünde ein Teelicht an, lass Entspannungsmusik laufen und leg
dich zu deinem Kind, bis es eingeschlafen ist.
Wirkung: Beruhigend, fördert einen entspannten Schlaf.

Babymassage

Nimm Oliven- oder Mandelöl und streiche dein Kind von Kopf
bis Fuß und auch im Gesicht, am ganzen Kopf, an den Händen
und Füßen damit ein. Massiere die Körperpartien sanft, als ob
du sie kneten möchtest.
Wirkung: Stärkt die Verbindung zu deinem Kind, gibt deinem
Kind ein gutes Körpergefühl, der Blutfluss wird angeregt. Vermittelt Liebe und ein Wohlgefühl.

Baby-Yoga

Biege deinem Kind ganz sanft die Arme, dann die Beine. Über-kreuze beide Beine und ziehe sie leicht zum Körper. Überkreuze sanft die Arme. Nimm die Beine deines Babys mit gebeugten Knien ganz sanft zu seinem Kopf.
Wirkung: Fördert das Körpergefühl, macht Freude. Es entsteht ein Miteinander.

Chakra-Balance

Reibe deine Hände und lege anschließend für einen Moment deine Hände auf jedes Chakra deines Kindes auf.
Wirkung: Bringt die Chakren in Balance und wirkt ausgleichend.

Kontakt mit Tieren

Lass dein Kind in Kontakt treten mit Tieren und sie nach Möglich-keit streicheln.
Wirkung: Macht dem Kind Freude, Streicheln wirkt beruhigend und harmonisierend.

Homöopathische Apotheke und Spagyrik

In der Drogerie findest du für alle körperlichen und auch emotionale Kinderbelange Spagyrik oder homöopathische Mittel. Du kannst dir auch eine homöopathische Apotheke und dazu den GU-Ratgeber kaufen.
Wirkungen: Löst körperliche und emotionale Beschwerden.

WIE DU DEINE KINDER BESSER VERSTEHST

Jeder Mensch möchte immer mehr das leben, was er ist und was er sich vorgenommen hat. Jede Seele hat einen Urauftrag. Diesen Urauftrag kennen Menschen, welche in Kontakt mit dem Quellbewusstsein (dem Wissen der Quelle von allem Sein) oder ihrem Herz-Bewusstsein sind. Über das Herz-Bewusstsein kann die Seele ihren Auftrag erkennen. Ein Auftrag kann immer auf mehreren Ebenen betrachtet werden: körperliche (Materie/Mutter Erde), seelische (Seelenauftrag) und geistige Ebene (kosmischer Auftrag). Wenn alle drei im Einklang sind, dann fühlt sich der Mensch absolut erfüllt und seine reine Energie kann optimal strömen. Es herrscht Klarheit.

Kinder brauchen auf körperlicher Ebene Stärkung durch ein gesundes und harmonisches Umfeld, wo sie sich in einem geschützten Feld zurückziehen können.
Die folgende Affirmation schützt und stabilisiert deine Kinder:
„Ich umgebe mein Kind X (Name des Kindes sagen) mit einem blauen und goldenem Licht, welches es schützt und liebt."
Auf seelischer Ebene brauchen Kinder Liebe. Umarme dein Kind, kuschle mit ihm und mach immer mal wieder eine Herzverbindung zu ihm. Schick ihm gedanklich auch Verständnis und Liebe oder kommuniziere auch immer mal wieder gedanklich mit ihm. Du kannst ihm so mitteilen, was dir wichtig ist. Erkläre deinem Kind auch, wie man mental kommunizieren kann. Sag ihm, dass es Gedanken wie auf Wasser von seiner Stirn zu dir oder einem anderen Menschen herüberschicken kann. Am besten testet ihr diese Übung gemeinsam. Oder ihr macht die Einhorntechnik, indem ihr die Worte in einer Luftblase speichert und sie mit einem Atemhauch zueinander schickt.

Geistig braucht dein Kind Inspiration, ein Gefühl von geistiger Offenheit. Das ermöglicht, dass nicht engstirnig gelebt wird, sondern der Geist flexibel für Neues und auch neue Gedanken und Ansätze ist. Lass dazu immer mal wieder los, indem du Altes und Überholtes, zum Beispiel aus deiner Kindheit, über deine Füße in Liebe transformiert aus deinem Körper ableitest oder bewusst zum Loslassen ausatmest. Du kannst, wenn du möchtest, auch ganz individuell über dein Herz-Bewusstsein schauen, was dein Kind auf den drei Ebenen braucht.

Was ist wichtig für Kinder? Dass sie immer in Kontakt mit ihrem wahren Sein, ihrem Kern sind und bleiben. Dadurch haben sie immer Zugriff auf ihr gesamtes Potential und Wissen. Welche Techniken sind nützlich für deine Kinder? Lehre sie, Kontakt mit ihrem Herz-Bewusstsein aufzunehmen. Zeig ihnen, wie sie über dieses Bewusstsein Antworten auf Fragen abrufen können. Zeig ihnen auch, wie sie Herzverbindungen herstellen können. Deine Kinder brauchen ein geschütztes Umfeld, das sie immer mal wieder von äußeren Impulsen abschirmt. Auch sollen sie lernen, mit der Welt wie sie ist umzugehen. Es gilt, eine Balance von beidem herzustellen. Übergib deinen Kindern auch Verantwortung und Vertrauen, sodass du es ab einem bestimmten Alter deinen Kindern überlässt, wie oft sie digitale Medien nutzen. Gib ihnen auch die Möglichkeit, ihr Geld zu verwalten. Lass sie Erfahrungen machen. Lass ihnen Freiheiten und Freiräume, in denen sie sich entfalten können. Auch wenn gewisse Dinge dir nicht entsprechen, lass deinen Kindern trotzdem die Möglichkeit der Erfahrung.

Maria Montissori, die Begründerin der Montissori-Schulen, hat den Leitsatz „hilf mir es selber zu tun" aufgestellt. Dieser Leitsatz begleitet mich, seit meine Mädels klein sind. Ich schaffe Raum für Möglichkeiten und lasse meine Kinder selbstständig Erfahrungen machen. Glaub mir, auch ich stehe manchmal da und würde meine Mädels gerne vor etwas bewahren und ihnen meine Lebenseinstellung „aufdrücken", nur darf ich das nicht. Meine Mädels haben mich als Mama gewählt, weil ich das ganzheitliche Bewusstsein einer Spirituellen Lehrerin lebe. Immer wieder halte ich mir meine

Werte vor Augen: Liebe und Respekt. Was mir ganz viel hilft, ist, dass ich genau weiß, dass meine Kinder ihre Großartigkeit und ihr Potential auch im Erwachsenenalter leben werden. Ich weiß auch, dass wenn ich diesen Weg gehe, sie davon profitieren. Ich vertraue, dass ihre innere Weisheit sie immer leiten wird. Erst vor Kurzem sagte eine meine Töchter zu mir, sie wolle die Süßigkeiten vom Kinderclub in den Ferien sammeln. Sie würde diese gerne jetzt alle essen, aber ihr Körper möchte das nicht. Und sie hört auf ihren Körper. Das ist schon mal etwas, denn ich würde ihr die Süßigkeiten gerne fortnehmen, weil ich finde, Süßes sollte im Maß konsumiert werden. Süßes kann einen süchtig danach machen, außer ein Mensch ist extrem stark. Viel Süßes kann auch den Hormonhaushalt beeinflussen und somit die Stimmung des Menschen. Bei uns daheim gibt es vor allem Xylit-Kaugummis (Birkenzucker) und sehr selten dürfen sich meine jüngeren zwei etwas Süßes kaufen. Meine Ältere hat mehr Taschengeld zur freien Verfügung und da kontrolliere ich nicht mehr, was sie damit kauft. Schon bald werde ich den jüngeren zwei, sie sind jetzt sieben und acht Jahre alt, auch Geld zur freien Verfügung geben und es nicht mehr verwalten.

Freiheiten sind wichtig für die Kinder von Heute. Schau für dich, wann deine Kinder welche Freiheiten erhalten. Achte auch auf die Impulse, die sie dir geben. Überprüfe dann über dein Herz-Bewusstsein, ob die Zeit jetzt für sie reif ist. Nicht, weil andere es auch so tun. Schau immer deine Kinder an und lass deine Meinungen beiseite.

Als ich mich bewusst für Kinder entschieden habe, war ich mir nicht bewusst, was es heißt, in der heutigen Zeit Kinder zu haben. Auch war ich mir nicht bewusst, dass es ein Vollzeitjob für mich als Spirituelle Lehrerin ist. Meine Mädels wollen mich in meiner ganzen Kraft. Damit ich den Job als Mami gut mache, heißt es in meinem Leben:

- meditieren, damit ich zentriert bin
- gesund essen, was für mich natürliche Ernährung ist, damit ich viel Vitalität habe und immer wie ein Sportler für Höchstleistungen bereit bin

- schön bei mir sein, auch wenn es draußen wirbelt
- immer gut angebunden an das höchste Sein sein, damit ich immer schön online mit dem kosmischen Radio bin, welches mich mit lichtvollen, liebevollen, reinen Lichtimpulsen nährt
- auf meine Gedanken, Worte und Taten achten, damit ich das erhalte, was ich mir wünsche und meine Mädels nicht durch angstvolles Denken beeinflusse
- immer schön in der Liebe sein, indem mein Herzchakra ganz offen ist und ich liebevolle Wellen in mein Umfeld aussende

Heute weiß ich, dass Mamisein mein weltlicher Job ist. Wie es die Mönche leben: Arbeit und Meditation. Ich schaue, dass ich meine Mamitätigkeiten in einer spirituellen Haltung ausführe, sodass es mir wohl dabei ist. Ich gebe immer wieder eine Prise Leichtigkeit in meine Aufgaben. Schau auch du, dass dir all deine Tätigkeiten Freude machen. Überprüf mal bei den Aufgaben, die dir nicht leichtfallen, ob sie notwendig sind. Tust du es, weil „man" es als Mama oder Papa so in der Gesellschaft macht? Es gibt so vieles, was nicht nötig ist. Auch Kinder dürfen Aufgaben im Haushalt übernehmen. Bereits meine jüngste Tochter kann sich ein einfaches Essen kochen und es macht ihr Spaß. Die Wäsche legt bei uns jeder selber zusammen. Welche Aufgaben könntest du deinen Kindern abgeben? Wo könnten dich deine Kinder mehr unterstützten? Macht es dir Freude, deinen Kindern nachzuräumen? Würdest du das in einer Wohngemeinschaft auch machen? Ich nicht, deshalb übergebe ich meinen Mädels Verantwortung. Sie wollen viele Freiheiten und selbstständig sein. Dazu gehört auch das achtsame Verhalten in einer Gemeinschaft. Schau du für dich, wo du dich verbiegst und es für dich nicht stimmig ist. Finde Lösungen und gib deinen Liebsten Zeit, damit sie sich an die Veränderungen gewöhnen können. Manchmal braucht das Neue etwas Zeit. Gib dir und deinen Lieben diese Zeit, die jeder braucht. Sei dir einfach bewusst, wenn es für dich nicht stimmig ist, dann musst du weder Polizist noch Putzpersonal noch Butler sein. Wichtig ist, wenn du etwas mit Liebe und Hingabe machst, dann mach es weiter. Was dir kein gutes Gefühl gibt, lohnt sich zu ändern.

Nachdem mein Buch „Die Schlüssel für dein glückliches Sein" auf den Markt kam, spürte ich durch diese Schlüsselenergien auch in mir nochmals den Wunsch nach Veränderung. Ich überprüfte nochmals verschiedene Lebensbereiche. Dort, wo es für mich noch nicht stimmig war oder ich mir eine Veränderung wünschte, schaute ich, wie es sein soll. Ich übergab viele Wünsche meinen geistigen Helfern und bat diese, mich zu unterstützen. Außerdem schaute ich, welche Schritte und Veränderungen von mir eingeleitet werden können. Ich kann dir sagen, es hat sich gelohnt. Es hat nochmals Veränderungen im Zusammensein mit meinen Mädels gegeben und noch mehr Freiraum für mich. Gewisse Dinge haben auch bei mir daheim länger gebraucht, bis sie akzeptiert wurden und gewisse gingen rasch. Der Einsatz hat sich gelohnt. Heute kann ich mich zum Beispiel in ein Zimmer zurückziehen und meine Mädels lassen mich. Wenn ich sage: „Jetzt brauche ich Ruhe", dann bekomme ich sie und es wird akzeptiert. Es kommt kein Gekreische oder sonst was.

Ich habe dir hier eine Auswahl an medialen Wahrnehmungstechniken zusammengestellt, die du deinen Kindern weitergeben kannst, falls sie es nicht von Natur aus können. Du kannst diese Übungen auch einsetzen, damit du dir ein ganzheitliches Bild von deinen Kindern verschaffen kannst.

Wichtig ist der respektvolle Umgang mit allen medialen Techniken. Schau nicht einfach die Aura von anderen Menschen an, die du nicht kennst. Du ziehst einer anderen Person auch nicht einfach die Hose herunter oder hebst das T-Shirt, damit du ihre Geschlechtsorgane siehst. Achte den Raum des anderen auch bei der Anwendung deiner medialen Wahrnehmung. Wenn du respektvoll damit umgehst, werden sich die Kanäle sicher auch rasch mehr öffnen. Ein erster Schritt für die Öffnung deiner medialen Wahrnehmung, wie ich es weitergebe, ist ein geöffnetes Herzchakra. Ich nenne die Wahrnehmung über das Herzchakra das Herz-Bewusstsein.

Herz-Bewusstsein

Ist dein Herzchakra ganz geöffnet und du weißt, wie du in deinem Herzchakra in dein Herz-Bewusstsein eintreten kannst, dann kannst du dort jegliche Fragen stellen. Es ist über das Herz-Bewusstsein auch möglich, wie auf einem Bildschirm das Weltgeschehen und die Zukunft zu sehen und Gegenstände zu orten. In diesem Abschnitt möchte ich dir den Eintritt in das Herz-Bewusstsein zeigen, und wie du dort Fragen stellen kannst. Außerdem zeige ich dir, wie du über dein Herz-Bewusstsein mit anderen Menschen in Kontakt treten kannst, die Herzverbindung. Auch zeige ich dir, wie du in Herzen von anderen lesen kannst, das Seelenreading.

Gehe immer respektvoll mit den Techniken um und achte den Raum von anderen. Ich finde, dass diese Basistechniken auch ideal sind, um den Kindern mediale Übungen weiterzugeben, die ihnen im Alltag nützen. Auch alle weiteren Techniken kannst du weitergeben. Diese sind so rasch und leicht, dass Kinder sie lieben und auch Freude an ihnen haben. Ein Sprichwort sagt ja, dass man nur mit dem Herzen gut sieht. Durch diese Wahrnehmungstechniken öffnen sich die Türen für ein glückliches Leben auch für deine Kinder. Vielleicht haben deine Kinder auch ihre eigene Wahrnehmung, die ähnlich ist, dann lass ihnen diese.

Die Wahrnehmung über das Herz kann nicht manipuliert werden, deshalb liebe ich sie. Außerdem gibt sie ein schönes Gefühl, wenn du sie anwendest, und sie verbindet dich und deine Lieben noch mehr über eure Herzen miteinander. Es werden keine Verstrickungen gebildet. Es sind reine Herzverbindungen.

Jedes deiner Kinder hat Geschenke zu dir gebracht, in eure Familie. Über das Herz-Bewusstsein kannst du diese Geschenke abfragen. Dadurch wirst du viel Dankbarkeit verspüren. Ich persönlich rufe jegliche Fragen wie Missionen, Lebensaufgaben, Umgang mit meinen Kindern und was es jetzt von mir braucht über mein

Herz-Bewusstsein ab. Auch wenn ich geschäftliche Sitzungen habe und mir etwas angeboten wird, entscheide ich oft nicht mehr sogleich, ich nehme mir Zeit, daheim das Angebot über mein Herz zu überprüfen. Auch Kontakte mit Menschen schaue ich über mein Herz-Bewusstsein an. Manchmal ist es so, dass mein Herz mir bei bestimmten Menschen sagt, ich soll mit ihnen einen näheren Kontakt pflegen. Vom Kopf her würde ich das nicht, weil es zum Beispiel anstrengend ist. Da mir mein Herz sagt, dass sie im Moment meine Unterstützung brauchen, gebe ich ihnen diese jedoch.

Auf Seminaren darf jeder zu mir kommen und ich bin für sie da. In meinem Privatleben schaue ich, dass ich wenige qualitative Kontakte habe, die auch mir guttun. Mir ist ganz wichtig, dass die Menschen, die mir wirklich nahe sind, mein Bedürfnis nach Ruhe respektieren. Deshalb habe ich gerne wenige Menschen ganz nahe und ganz viele Menschen in meinem beruflichen Umfeld. Da bin ich für alle da. Selbstverständlich lassen sich Beruf und Privates bei mir nicht trennen. Ich arbeite viel in meiner Freizeit. Bei mir gibt es keinen Sonntag. Ich arbeite fließend. Schau auch du, was für dich wichtig ist und welche Menschen du ganz nahe bei dir haben möchtest. Du musst keine Freundschaften pflegen, die für dich nicht stimmig sind. Wenn etwas für dich nicht stimmig ist, dann sendest du ein ungutes Gefühl aus, das hat auf die Menschen um dich herum Einfluss. Wie heißt es so schön? Man kann nicht nicht kommunizieren. Du sendest immer Botschaften aus. Das gesprochene Wort macht nur sehr wenig in einem Gespräch aus. Auch wenn nicht jeder Mensch diese sogenannten unausgesprochenen Botschaften versteht, sie kommen trotzdem an.

In der Neuen Zeit können immer mehr Menschen Energien lesen und sie wissen genau, was du denkst, fühlst und wie es dir geht. Vor allem Kindern kannst du nichts vormachen. Deshalb lohnt es sich auch ehrlich zu sein, damit sie ihrer Wahrnehmung weiterhin vertrauen. Denn wenn Kinder fragen: „Geht es dir nicht gut?" und du und andere Erwachsene sagen: „Doch", dann kann es sein, dass ein Kind mit der Zeit an seiner Wahrnehmung zweifelt. Du musst nicht immer alles sagen. Bleib jedoch bei der Wahrheit mit dem, was du sagst. Ansonsten besser nichts sagen. Je mehr die Menschen wieder ehrlich sind, desto reiner sind die Energien in der Welt. All die Lügen sind dann endlich fort.

Wie du in dein Herz-Bewusstsein eintrittst:
Stelle dich in den weißen Lichtkanal, sodass du schön mit der Quelle von allem Sein und mit dem Herzchakra von Mutter Erde verbunden bist. Der Lichtkanal ist das kosmische Radio. So bist du schön mit der Quelle von allem Sein online und wirst nicht von außen beeinflusst. Du kannst deine Augen schließen oder geöffnet halten. Atme tief in dein Herzchakra ein und aus. Verbinde dich mit der Quelle von allem Sein und dem Herzchakra von Mutter Erde über deine Atmung. Atme dabei in dein Herzchakra ein und beim Ausatmen atmest du über dein Kronenchakra hinaus bis zur Quelle von allem Sein, der Zentralsonne im Universum. Spüre, dass du ein reiner göttlicher Lichtkanal bist. Atme ein paar Mal tief und bewusst durch deine Nase ein und aus. Anschließend atmest du einen Moment beim Einatmen über deine Füße bis ins Herzchakra von Mutter Erde hinunter und beim Ausatmen wieder hoch in dein Herzchakra. Atme ein paar Mal ein und aus. Mit der Zeit atmest du gleichzeitig hoch zur Quelle und hinunter ins Herzchakra von Mutter Erde. Bleib einen Moment bei dieser Herzatmung. Tauche dann wie mit einem Lift hinunter in dein Herzchakra. Spüre deine Energie in deinem Herzen. Wenn du ganz in deinem Herz-Bewusstsein weilst, kannst du jegliche Fragen stellen, die dir wichtig sind. Du kannst nun zum Beispiel fragen:

- Was hat mein Kind X für Geschenke auf die Erde gebracht?
- Welches Geschenk hat mein Kind X mir gebracht?
- Welche Geschenke hat Kind X in unsere Familie gebracht?
- Was bringt Kind X für eine Qualität in unsere Familie?
- Welche einzigartigen Gaben hat mein Kind X?
- Wie kann ich mein Kind X im Moment unterstützen?

Mit der Zeit kannst du auch eine Kurzversion machen, wo du dich in den Lichtkanal stellst, direkt in dein Herz-Bewusstsein eintauchst und dann die Frage stellst. Mit der Zeit wirst du feststellen, dass du auch im Alltag immer mehr in diesem Bewusstsein lebst. Es ist dann ganz integriert und du brauchst keine Technik mehr, um einzutauchen. Die Technik kann sinnvoll sein, wenn du Fragen hast, die dich betreffen, damit du dir ganz sicher bist, dass die Antworten nicht von deinem Verstand kommen. Bringe diese Übung auch deinen Kindern bei. Ihnen kannst du gleich zu Beginn die Kurzversion zeigen: Eintauchen ins Herz-Bewusstsein und Frage stellen. Kinder können alles kinderleicht. Sie lieben auch kinderleichte Dinge und wollen keine komplizierten und aufwendigen Sachen.

Seelenreading

Jede Seele hat ihre ganz persönlichen Weisheiten und einzigartige Fähigkeiten, die sie auf die Erde bringt. Diese Informationen kannst du über ein Seelenreading abrufen. Du kannst da auch erfahren, was sich die Seele für diese Inkarnation vorgenommen hat und über andere Inkarnationen Informationen lesen. Du kannst dir vorstellen, dass du für das Seelenreading auf das Buch/ Wissen dieser Seele zugreifst und dort wie in einem Buch liest.

Vorgehen:
- Du kannst deine Augen geöffnet oder geschlossen haben.
- Stelle die Herzverbindung zu dem Kind her, bei welchem du ein Seelenreading durchführen möchtest, vgl. Abschnitt „Herzverbindung".
- Du konzentrierst dich nun ganz auf das Herzchakra deines Kindes und stellst dir vor, dass du in diesem wie in einem Buch liest. Stell dazu eine Frage und achte auf den ersten Impuls, der als Bild, eine innere Stimme, ein Wissen oder ein Gefühl zu dir kommt. Was sagt dir dieser Impuls? Wichtig

ist, dass du deinen Impulsen vertraust und ihnen Beachtung schenkst. Manchmal sind sie sehr sanft.

- Wenn du nicht sicher bist, dann frag nochmals nach.
- Du kannst nun so viele Fragen stellen, wie du möchtest.
- Du kannst auch ohne Frage schauen, was dir diese Seele zeigen möchte.

Herzverbindung

Der Alltag mit Kindern und auch anderen nahen Menschen bringt Herausforderungen mit sich, denn es gilt, dass jeder sich ausleben kann und doch gibt es gemeinsame Zeiten und Pfeiler beim Zusammenleben. Damit trotz Alltag die Liebe ihren Raum hat, lohnt es sich, ab und zu bewusst Herzverbindungen herzustellen. Dazu stellst du dir vor, es strömt von deinem Herzchakra ein Herzlicht zu einer bestimmten Person wie zum Beispiel deinem Kind. Damit keine persönlichen Themen und Bindungen stören, schneide alle Verbindungen und Bindungen mit dem blauen Lichtschwert ab.

Vorgehen:
- Dein Kind und du sitzt einander im Schneidersitz gegenüber. Ihr haltet die Handflächen aneinander, schließt die Augen und spürt, wie eure Energie fließt.
- Öffnet eure Augen und schaut euch an, während ihr einen Liebeskanal gedanklich von Herz zu Herz bildet und die Liebe zwischen euch hin- und herströmen lasst.

Spirituelles Reading

Spirituelle Readings sind eine schöne Methode, damit du Klarheit in Situationen und mit anderen Menschen findest. Durch diese Wahrnehmungstechnik kannst du sicher sein, dass die Informationen nicht aus vorgefertigten Meinungen kommen. Die Informationen stammen direkt von der Quelle von allem Sein, d. h. aus dem universellen Wissensspeicher.

Vorgehen:
Stelle dich gedanklich in einen weißen Lichtkanal. Dadurch bist du schön auf die lichtvollen Informationen der Quelle eingestellt und alles andere bleibt außerhalb von dir. Visualisiere dir eine goldene Leitung von der Quelle von allem Sein in dein Herzchakra hinein. Das ist deine kosmische Radioleitung, über die du direkt Infos aus dem Zentralspeicher des Kosmos erhältst. Spüre auch einen festen Bodenkontakt über deine Füße und atme ein paar Mal tief ein und aus. Nun stellst du dir nochmals vor, du ziehst die Leitung von der Quelle in dein Herzchakra und es fließt auch viel Licht von Mutter Erde über deine Füße hinein. Du tauchst in dein Herzchakra in der Mitte deiner Brust ein und stellst nun die Frage. Die Antworten kommen von der Quelle von allem Sein in dein Herzchakra und du empfängst dort die Infos. Du kannst folgende Fragen stellen:

- Was ist meine Aufgabe in dieser Situation?
- Was unterstützt mich in dieser Situation, damit sie für mich leicht ist?
- Was soll ich aus dieser Situation lernen?

Mit spirituellen Readings kannst du x-beliebige Themen ganz neutral ansehen und erfährst, was wirklich der Kern in allem ist.
Folgende Punkte lohnen sich ebenfalls, in einer ruhigen Minute durch ein Reading angeschaut zu werden, denn jedes deiner Kinder und Familienmitglieder bringt ureigene Qualitäten in ein System.

- Welche Qualitäten bringen ich, mein Partner, meine Kinder in unsere Familie?
- Welches Geschenk bringt jedes meiner Kinder in unsere Familie?

Chakren lesen

Öffne dein Herzchakra, indem du gedanklich deine Herztüren ganz aufmachst. Deine Herztüren sind deine Lungenflügel. Lege nun eine Hand auf das Wurzelchakra. Wie fühlt sich das Wurzelchakra an? Was liest du für Informationen aus dem Wurzelchakra deines Kindes? Was braucht sein Wurzelchakra?

Gehe dann vom Wurzelchakra zum Nabelchakra, zum Solarplexus, zum Kehlkopfchakra, zum Dritten Auge und zum Kronenchakra. Gehe beim Lesen der einzelnen Chakren vor wie beim Wurzelchakra. Vielleicht möchtest du die Informationen auch aufschreiben.

Aura sehen und lesen

Am besten stellt sich zum Üben eine Person vor eine weiße Wand. Dadurch wirst du nicht abgelenkt. Mit der Zeit kannst du die Aura überall betrachten. Öffne nun deine Augen ganz, als ob dein Blick ein Laserstrahl wäre und so, als ob du deine Augenlider mehr als normal aufmachen möchtest. Ich bringe in meinen Ausbildungen jeweils das Bild vom Film „Herbie" an. Herbie ist ein Auto, ein VW Käfer. Er hat Scheinwerfer vorne, die er jeweils so wie Augenklappen öffnet.

Wenn du deine Augen ganz offen hast, dann schau mal das Feld um die Person an, die an der Wand steht. Was siehst du für Farben? Es kann sein, dass du die Infos über die Aurafarben durch deine innere Stimme empfängst, die dir sagt: „Diese Person hat diese und jene Farbe". Oftmals siehst du die Farben ganz sanft. Vertraue deinen Impulsen, ob sie nun als Bilder, als deine innere Stimme oder ein Wissen auftauchen.

Engel wahrnehmen

Auch Engel kannst du auf dieselbe Art wie Auren betrachten. Bevor du mit der Übung startest, lade Engel oder Meister in deinen Raum ein. Anschließend öffnest du deine Augen mehr, als du es im Alltag gewohnt bist. Dann fährst du in diesem Raum von oben nach unten herunter, so wie es ein Kopiergerät macht, wenn es etwas kopiert. Schau ganz bewusst, was sich beim Herunterfahren für Farben und feinstoffliche Energien zeigen. Was siehst du in diesem Raum? Vertraue auf deine ersten Impulse. Es kann auch sein, dass dir deine innere Stimme sagt, da sei ein blauer Engel, da sei dein Schutzengel oder es kommt ein Wissen, dass da der Meister X ist. Vielleicht spürst du die Anwesenheit der Engel auch.

WIE DU DEINE KINDER STÄRKEN KANNST

Es gilt eine Balance zu finden zwischen den weltlichen Dingen, dem alltäglichen Leben und dem feinstofflichen Sein. Das ist deine Aufgabe. Diese sollst du mit deinem Herzen und bewusstem Sein erfüllen. Nimm dir als Papa oder Mama auch immer genügend Zeit für deine Zentrierung. Lebe das Unkonventionelle und hinterfrage auch immer wieder Absichten von dir, wie zum Beispiel:

- Wann sollen deine Kinder am Abend nach Hause kommen?
- Was ist die optimale Ernährung für deine Kinder?
- Wie lange dürfen sie pro Woche mit dem Handy oder mit Computerspielen Zeit verbringen?
- Wie oft dürfen sie Filme schauen und welche Art von Filmen?
- Wie soll ihr Umgang mit dem Internet aussehen?

Kinder sind sehr fein und auch ihr Energiefeld ist oft noch sehr sanft. Dadurch kann die grobe Energie in einer Stadt oder an einem Ort, wo viele Menschen wütend und gestresst sind, diese feinen Felder stören. Deshalb reagieren dann diese Kinder mit Wut und Aggressionen. Sie rufen so um Hilfe und wollen sich von dieser Schwere befreien. Wenn du bei euch daheim eine Oase des Rückzugs, der Ruhe, der Kraft und der Liebe schaffst, dann können sich deine Kinder daheim erholen.

Möchtest du dir einen Kraftort in deinem Zuhause schaffen? Dann kannst du mit Energiesymbolen wie dem Om-Zeichen, mit Engeln, Buddhas und kraftvollen und auch liebevollen Bildern und Farben arbeiten. Ich selber arbeite auch mit meinen Harmoniser-Symbolen und dem Zentrum der Liebe, welche du in meinem Shop, www.bernardi.li, findest. Das sind einfache Möglichkeiten, ein energetisches Feng-Shui zu machen, ohne dass du wie im klassischen Feng-Shui viel umstellen musst.

Für mich war schon immer klar, dass es ein „Königs-Feng-Shui" gibt. Ich bin dann im Internet auf das energetische Feng-Shui gestoßen, welches ich heute in meinen Ausbildungen auch weitergebe. Während meiner Ausbildung als Spirituelle Lehrerin wurde ich mir bewusst, dass ich schon lange intuitiv eine eigene Art von energetischem Feng-Shui gemacht habe. Heute setze ich Kraftplätze ein, um einen Ort zu harmonisieren. Die Basis für die Kraftplätze ist der „Zentrum der Liebe"-Teppich. Darauf stelle ich dann Kerzen, Kristalle, Einhörner und lege auch immer mal wieder Karten aus einem spirituellen Kartendeck darauf. Bevor ich diesen aufbaue, schaue ich, was ich stärken möchte und dann lasse ich mich leiten, was es dafür braucht. Ich sage mir zum Beispiel, dass ich jetzt einen Kraftplatz für mehr Harmonie, Liebe und Freude aufbauen möchte.

Hausreinigung

Kinder brauchen ein energetisch sauberes Zuhause. Die normale Hausreinigung mit Staubsauger und Putzlappen genügt nicht. Nimm dir mindestens einmal pro Woche kurz Zeit und bitte die weißen Engel oder blauen Engel, dein Haus von allem, was stört und unrein ist, zu säubern. Sie sollen deine Wohnräume mit Liebe, Frieden, glücklichem Sein oder was du dir sonst wünschst auffüllen. Denk daran: Wenn du Gäste hattest, kurz gedanklich das violette Licht durch dein Haus schicken, sodass nicht Ungebetenes von deinen Gästen dableibt. Auch wenn du mit jemandem Diskussionen hattest, dann stell dir ein violettes oder weißes Licht vor, welches das Gesprochene in Liebe transformiert. Violett wirkt rascher als Weiß. Schau beim Einsatz des Lichts, wie deine Familienmitglieder darauf reagieren und wende das violette Licht allenfalls wohl dosiert an.

Du und deine Kinder sollten sich täglich physisch mit Wasser reinigen und auch mindestens einmal am Tag energetisch. Denn solange du und die anderen Menschen in deinem Umfeld nicht nur liebevolle Worte, Gedanken, Gefühle und Taten ausübt, braucht ihr eine Reinigung. Durch diese bleibt das Negative nicht haften und es gibt keine ungebetenen Früchte daraus. Solange deine Kinder noch klein sind, kannst du die energetische Reinigung für sie übernehmen, ab zehn bis elf Jahren sollten sie selber mit Affirmationen zur Reinigung oder Reinigungs-Meditationen anfangen. Geführte Meditationen findest du auf meinen Meditations-CDs.

Affirmation zur Reinigung:
Ich rufe die weißen Engel, reinigt jeden Raum bei mir daheim und wascht alles Disharmonische und was uns nicht guttut fort. Füllt alle unsere Räume mit Liebe, Harmonie und Freude auf.

Diese Affirmation zur Reinigung kannst du beliebig abändern, sodass sie dir und deiner Familie entspricht.

Aura-Soma-Chakrabalance

Kauf dir ein paar Aura-Soma-Pomander (das sind wunderbare, kraftvolle Farbessenzen, die Körper, Geist und Seele stärken) oder Quintessenzen, die dich für dich und deine Kinder intuitiv ansprechen. Wähle ein Fläschchen für die Chakrabalance aus. Reib jedes Chakra kurz mit dem Aura-Soma ein. Wenn du das Gefühl hast, ein Chakra braucht ein anderes Aura-Soma, dann setze dieses zusätzlich ein.

Vertraue als Mama oder Papa deinen inneren Impulsen. Du kennst deine Kinder am besten und verstehst sie. Deine Kinder haben bewusst dich als Mama oder Papa gewählt und nicht eine andere Person. Du besitzt in jedem Moment exakt das nötige Wissen, das deine Kinder brauchen und dich unterstützt. Wenn du Fragen bezüglich deiner Kinder hast, dann tritt in die Stille deines Herzens ein. Stell dir eine Frage und horche auf die Antworten, die als Bilder, innere Stimme oder ein Wissen auftauchen. Nimm dir täglich Zeit, in dein Herz-Bewusstsein einzutauchen. Spüre die Kraft, die Ruhe, die Liebe und die Weisheit in dir. Nähre dich von dieser Quelle, indem du einem Moment in ihr ruhst, sie spürst und ihre Kraft dann wie eine Sonne aus deinem Herzen leuchten lässt. Du strahlst dann in deinem Licht. Dein Charisma zieht dadurch Gleiches an. Das ist dein Herzmagnet.

Neue Heilmethoden

Deine Kinder werden durch ein liebevolles, kraftvolles, reines Umfeld gestärkt. Auch ist es wichtig, dass ihre Energie immer wieder in Balance gebracht und ausgeglichen wird. Dazu arbeite ich sehr gerne mit den Neuen Heilmethoden. Wenn du eine einfache Variante suchst, dann lege am Abend vor dem Einschlafen deiner Kinder meine Meditations-CD „Light Healing Meditation" ein, die geführte Meditationen enthält, und lass sie einmal durchlaufen. Auch meine Kinder und ich machen das gerne.

Die Neuen Heilmethoden schenken dir und deinen Kindern Heilung, Lebensfluss, Motivation, Kraft und Liebe. Wenn du diese Übungen mit deinen Kindern durchführst, dann schenkst du dir und auch ihnen einen Moment Aufmerksamkeit und ganz viel Liebe. Diese Momente sind Seelenbalsam. Deine Kinder werden von diesen Kraftpunkten genügend genährt sein, wenn sie mal in herausfordernden Situationen sind.

In diesem Teil des Buches wirst du von mir in die göttlichen Lichtfrequenzen eingeführt, die dir jeden Moment zur Heilung zur Verfügung stehen. Ich zeige dir, wie du die Lichtstrahlen, deine Liebe, die Lichtmeister und die Lebensenergie (Prana) für deine Gesundheit und die Gesundheit anderer Menschen einsetzen kannst.

Die Neuen Heilmethoden sind Heilung, Wellness. Genieße
die Frequenzen der Liebe gemeinsam mit deinem Kind. Dieser
Moment wird noch viele Tage nachwirken.

Farben

Kinder, die sehr feinstofflich sind, d. h. ihre Energie ist sehr sanft,
können Farben als Filter in ihre Aura einsetzen, damit sie mit
den gröberen und schwereren Energien auf Mutter Erde besser
umgehen können. Die Farben sind dann wie Farbkleider. Ich
persönliche ziehe mir selber und auch meinen Kindern täglich
ein Farb-Lichtkleid an. Ich fühle mich dadurch auch in einer
größeren Menschenmenge wohl und muss so nicht alle Gefühle
und Schmerzen von jedem spüren. Auch bei meinen Kindern
stelle ich fest, dass sie vor allem durch die Farben Gold und
Diamant viel besser bei sich bleiben können.

Probiere es aus, setze Farben wie einen Filter ein, die deinen
Kindern helfen, wenn sie hochsensitiv sind. Du kannst dazu ihre
Aura mit einer bestimmten Farbe umkreisen oder ihnen einen
farbigen Umhang anziehen. Bitte beachte, dass du sanfte Farbtöne
wählst, damit deine Kinder sich nicht erdrückt fühlen.

Ich arbeite sehr gerne mit den folgenden vier Farben:
- Blau: Wie der Himmel. Wenn du Blau einsetzt bei deinen
  Kindern, dann verhilft es zu himmlischem Denken
- Rosa: Wie die Liebe. Verwendest du Rosa, dann wird unmittelbar Liebe an die Stelle geleitet, wo du die Farbe einsetzt.
- Gelb oder auch Gold: Sonnenkörper. Setzt du diese Farben
  in der Aura deiner Kinder ein, dann kann sich dein Kind
  wieder in seinem physischen Körper als Körper der Liebe
  fühlen.

- Grün wie die Natur und das Herzchakra. Dadurch bringst du deine Kinder in eine liebevolle Schwingung, welche den Herzraum stärkt.

Flower of Life Chakra Balance

Nutze die freie Energie, um deine Chakren in Balance zu bringen. Wenn sich das göttliche Urmuster (Blume des Lebens) wieder bilden kann, dann ist absolute Heilung möglich.

Vorgehen:
- Reibe beim gesamten Healing, bevor du die Hände auf die jeweiligen Chakren auflegst, die Hände, d. h. Handflächen ein paarmal aneinander und dann legst du auf die jeweiligen Chakren oder Körperstelle die Hände auf.
- Lege deine Hände auf dein Herzchakra auf.
- Lege eine Hand auf dein Kronenchakra und die andere auf dein Wurzelchakra im Genitalbereich.
- Lege eine Hand auf deine Stirn und die andere auf deinen Bauchnabel.
- Lege eine Hand auf deinen Hals und die andere auf deinen Solarplexus.
- Wenn du eine Körperstelle hast, die schmerzt, dann kannst du dir dort deine Hände auflegen. Auch Wunden heilen rascher, wenn du dir an dieser Stelle die Hände auflegst.

1, 2, 3 Healing

1. Lege die rechte Hand auf den Kopf. Stell dir vor, du pendelst deine Gehirnsektoren ein, wie beim Göttlichen Lot beschrieben. Verweile einen Moment und lass das reine, klare, göttliche Licht einströmen.
2. Lege eine Hand links und die andere rechts seitlich oberhalb deiner Ohren an deinen Kopf. Lass die Gehirnströme sich harmonisieren. Verweile auch hier einen Moment.

3. Ring-, Zeige- und Mittelfinger der rechten Hand legst du vertikal auf dein Herzchakra in der Mitte deiner Brust. Dieselben drei Finger der linken Hand berühren deine Stirn, sodass der Ringfinger auf deinem Dritten Auge (Mitte der Augenbrauen) und die übrigen Finger stirnaufwärts liegen. Dadurch stellt sich dein Gehirn auf deine Herzschwingung ein. Genieße diese sanfte Harmonisierung einen Moment.

4. Wenn du möchtest, kannst du dir zum Abschluss deinen Körper von Kopf bis Fuß ausstreichen. Stell dir dabei vor, dass alles Störende und auch Blockaden abgestrichen werden.

Wirkung: Ausgleichend, entspannend. Es bereichert dich mit dem Energiefluss der Neuen Zeit und gibt dir ein sanftes und sehr angenehmes Gefühl.

Affirmationen

Solange deine Kinder noch unter zehn Jahren sind, kannst du Affirmationen auch für sie sprechen. Je früher deine Kinder Affirmationen lernen, desto natürlicher ist der alltägliche Gebrauch für sie. Kreiere deine/eure persönlichen Affirmationen mit den Worten „Ich Bin". „Ich Bin" ist eine Programmierung für den Menschen, wie bei einem Computer die Programmierungssprache. Immer, wenn du „Ich Bin" sagst, dann setzt du das, wovon du sagst „Ich Bin" bei dir in Bewegung. Deshalb solltest du auch in deinem Alltag mit der Aussage „Ich Bin" achtsam umgehen und nicht etwas sagen, was du nicht noch verstärken möchtest. Besser ist, wenn du z. B. „Ich Bin krank" aus deinem Wortschatz streichst, außer du möchtest es sein. Ich umgehe die „Ich Bin" in meinem Alltag, wenn ich keine Affirmationen spreche, denn vieles, wo man „Ich Bin" sagen würde, möchte ich nicht sein und es auch nicht verstärken. Gedanken, Worte,

Emotionen und Taten sind Manifestationen wie das „Ich Bin".
Du setzt Samen für deine zukünftige Ernte.

Affirmation zum Schutz

Meine Kinder stehen unter dem höchsten göttlichen Schutz, umgeben von Lichtmeistern, die uns bewachen. Engelslegionen aus allen Ebenen, Zeiten und Dimensionen sorgen für unser Wohl. Sie schützen uns und ersetzen alles Störende mit Harmonie, Liebe und Frieden.

Affirmation für mehr Liebe

Ich Bin reines Licht und Liebe.

Ich Bin Gottesliebe.

Ich Bin die Liebe, die ich mir wünsche.

Affirmationen für mehr Zentrierung

Liebe Engelslegionen, ich rufe nach unendlichem Schutz und Zentrierung. Stabilisiert das Energiefeld meiner Kinder. Schenkt ihnen Liebe, Harmonie, Geborgenheit und Zentrierung.

Ich Bin zentriert und konzentriert.

Ich Bin konzentriert und lerne mit Leichtigkeit und Freude.

Affirmationen für mehr Ruhe

Ich Bin ein Licht Gottes und lebe mein volles Potential.

Ich Bin Ruhe.

Ich Bin schön entspannt.

Affirmationen zur Anrufung deiner geistigen Helfer

Ich Bin begleitet und geführt von meinen geistigen Helfern.

Meine göttliche Führung in meinem Herzen zeigt mir den Weg.

Meine geistigen Helfer stehen mir jederzeit zur Seite.

Meine geistigen Helfer unterstützen mich jeden Moment.

Die Engelslegionen harmonisieren meine Schule (meinen Arbeitsplatz).

Die Einhörner gehen mir voraus und harmonisieren meinen Weg.

Affirmationen, die dich in deinem Wesen stärken

Ich Bin rein, klar und bewusst.

Ich Bin glücklich, zufrieden und ausgeglichen.

Ich Bin intelligent.

Ich Bin gut in Mathematik.

Ich Bin schön.

Ich Bin beliebt und habe viele gute Freunde.

Ich Bin, die Ich Bin.

Notfall-Apotheke für Kinder

Aura aufzeichnen

Lass dein Kind auf ein Blatt Papier die Farben deiner Aura aufzeichnen. Falls es Hilfe braucht, sag ihm, es soll sein Herz fragen, welche Farben deine Aura hat.
Wirkung: Training des Aurasehens, Spiritualität einen Raum geben.

Lesen mit den Händen

Nehmt ein spirituelles Kartenset oder Farbkarten. Eines deiner Kinder oder du schließt die Augen. Es soll nun seine Hand auf die Karte legen und über seine Hand die Karte ansehen. Was sieht es? Was hat die Karte für eine Farbe? Ist etwas aufgezeichnet?
Wirkung: Fördert die mediale Wahrnehmung, macht Spaß.

Energien lesen

Dein Kind und du steht einander gegenüber. Schick aus deinem Herzchakra wie ein Sonnenstrahl Liebe zu deinem Kind. Dein Kind soll beschreiben, wie sich diese Kraft aus deinem Herzen anfühlt.
Wirkung: Sensitive Wahrnehmung trainieren, macht Freude, füllt dein Kind mit Liebe.

Gedanken lesen

Du denkst etwas und konzentrierst dich nur auf diesen Gedanken, indem du dir den Gedanken auch immer wieder sagst. Deine Kinder sollen deinen Gedanken lesen und sagen, was du denkst.
Wirkung: Training medialer Wahrnehmung, kann auch lustig sein.

Wasser energetisieren

Du und dein Kind nehmt je ein Glas mit Wasser in die Hand. Du fragst dein Kind, was es sich für ein Getränk wünscht. Wenn es sich zum Beispiel Rosenwasser wünscht, dann stellst du dir vor, dass das Glas Wasser in deiner Hand sich jetzt mit Rosenduft anreichert. Lass dein Kind anschließend davon probieren. Wenn es den Rosengeschmack beim Trinken noch nicht spürt, dann wiederhole den Vorgang, bis der Geschmack spürbar ist. Anschließend macht dein Kind ein Getränk für dich. Wirkung: Macht Spaß und zeigt deinem Kind energetische Möglichkeiten.

Mantrasingen

Gemeinsames Mantrasingen oder auch du für dich allein, verbreitet eine schöne Liebesschwingung. Das Gayatri Mantra (Reinigungs- und Erleuchtungsmantra) oder Gate Gate (Herz-Mantra) sind wunderschöne Mantras, die du von Deva Premal gesungen auf YouTube findest. Auch die Texte findest du im Internet. Es gibt viele schöne Interpreten im Internet, die Mantras singen, wie zum Beispiel auch Snatam Kaur und Mirabai. Wirkung: Reinigend, fördert die Liebe in und um euch herum.

Leichtes Einschlafen

Lass für dein Kind eine Meditations-CD zum Einschlafen laufen. Wirkung: Leichtes Einschlafen, fördert einen ruhigen und erholsamen Schlaf.

Kerzenmeditation

Nimm ein „Zentrum der Liebe"-Kerzenglas („Zentrum der Liebe"-Aufkleber auf ein Glas aufgeklebt) und zünde ein Tee-

licht darin an. Stell das Kerzenglas neben das Bett deines Kindes, sodass es das Symbol gut sehen kann. Es soll ein, zwei oder mehr Minuten ganz ruhig in die Kerze schauen.
Wirkung: Entspannend, ausgleichend und zentrierend.

Körper-Feng-Shui mit dem OM-Zeichen

Male gedanklich auf alle Hauptchakren, auf die Hände, Füße und alle Körperöffnungen ein OM-Zeichen.
Wirkung: OM ist der göttliche Urlaut. Dieses Symbol spendet Frieden und Schutz und wirkt harmonisierend.

Was ich an dir schätze

Setze dich mit deinen Kindern hin oder macht es beim Spazieren.
Jeder sagt jedem, was er an ihm schätzt.
Wirkung: Stärkt die Verbundenheit, wirkt aufbauend, stärkt das Gefühl im Herzchakra.

Dankbarkeit

Nimm dir Zeit mit deinen Kindern. Jeder sagt drei bis vier Punkte, wofür er dankbar ist.
Wirkung: Stärkt die Kraft im Herzchakra. Richtet positiv aus. Gibt ein gutes Gefühl.

Pastellfarbener Regenbogen

Möchtest du dein Kind stärken und mit Energie auffüllen, dann stell dir vor, über ihm ist ein Regenbogen in Pastellfarben. Dein Kind wird mit den Lichtfrequenzen aufgefüllt und genährt.
Wirkung: Die Farben wirken nährend und spenden Lebenskraft und Leichtigkeit.

Engelsflügel

Erinnere dein Kind an seine energetischen Engelsflügel an seinem Rücken. Es soll sie fühlen, ausdehnen und bewegen.
Wirkung: Erinnert dein Kind an sein Engelswesen und die Leichtigkeit des Himmels.

Punkte halten

Dein Daumen, Zeige- und Mittelfinger berühren sich an den Fingerspitzen. Berühre mit diesen drei Fingern einen Moment folgende Körperstellen:
• Hüfte (seitlich am Hüftgelenk)
• Schultern
• Gehirnpunkte (Wenn du von deinem obersten Halswirbel mit zwei Fingern rechts und links diagonal hinunterfährst, dann spürst du zwei Punkte, die herausstehen, das sind die Gehirnpunkte.)
• Bauchpunkte (Sie liegen etwas oberhalb von deinem Kreuzbein. Es sind zwei Einbuchtungen.)
Wirkung: Ausrichtung und Aufrichtung. Energie kommt wieder zum Fließen.

Energetische Pflaster und Tapes

Intuitiv für zu heilende Körperstelle energetische Pflaster oder einen Verband (du stellst dir diese bildlich oder in Gedanken vor) in einer Farbe auswählen und die Stelle einbinden oder das Pflaster aufkleben.
Wirkung: Heilung, Energiefluss wird angeregt.

Geführte Meditationen

„Geführte Meditationen am Abend"-CD laufen lassen. Dadurch werden Kinder sanft in einen ruhigen und meditativen Zustand geführt.

Wirkung: Dein Kind lernt eine Methode, wie es sich in seinem Leben in Balance bringen kann. Es ist ein Rückzug, eine Regeneration und ein Kontakt mit seinem Kern. Außerdem wirken Meditationen beruhigend.

Lichtschwert von Erzengel Michael

Erzengel Michael vor mir, hinter mir,
über mir, unter mir,
rechts und links von mir,
löse alle Bindungen in allen Ebenen, Zeiten und Dimensionen
zu jeglichen Umständen, Situationen, Menschen,
jetzt und in alle Ewigkeit.
Ich bin frei und unantastbar.

Du kannst dir auch selber vorstellen, dass du ein blaues Schwert in der Hand hältst und rund um deinen Körper herum alle Bindungen und Verstrickungen zu Dingen, Situationen und Menschen löst. Das blaue Schwert soll diese in allen Zeiten und Dimensionen lösen. Jetzt und für alle Zeiten. Herzverbindungen dürfen immer sein.
Wirkung: Schutz, Bindungen lösen.

Meridianausgleich

Streiche deinem Kind mit den Händen den gesamten Körper aus, indem du mit deinen Händen am Vorderkörper sanft wie folgt entlangfährst: Arminnenseite bis über die Handflächen hinunter, Beine außen von der Hüfte bis zu den Füßen hinunter und innen hoch, am Oberkörper hinunter und hoch. Dasselbe kannst du anschließend auch für die Rückseite machen, wenn du Lust hast: Armaußenseite bis zu den Händen, Beine außen von der Hüfte bis zu den Füßen hinunter und innen hoch, am Oberkörper hinunter und hoch. Wirkung: Bringt das gesamte Energiesystem des Körpers in Balance, wirkt beruhigend und stärkend.

Schutz für Kinder

Du kannst immer etwas für dein Kind tun. Distanz spielt dabei keine Rolle. Die Energien wirken auch, wenn dein Kind im Moment nicht bei dir ist. Hab Vertrauen und übergib den Schutz dieses Wesens den Lichtmeistern. Sie wirken jede Sekunde zum Wohle der Menschheit.
Wirkung: Schutz deines Kindes.

Kosmische Ausrichtung und Schutz

Hülle dein Kind täglich in ein blaues Licht und setzte es am Morgen und Abend in den weißen Lichtkanal der Lichtmeister. Dadurch ist es unberührbar.
Wirkung: Absoluter Schutz und Ausrichtung auf die lichtvollen Energien.

Farbmantel für die Aura

Ummantle die Aura deines Kindes gedanklich mit Blau (Königsblau) und Gold. Blau schützt vor Manipulationen und ist allgemein ein Schutz. Gold steht für goldenes Licht der Quelle, damit das Kind im Quellbewusstsein bleiben kann. Es gibt hier so viele Dinge auf der Erde, die reine Illusion sind. Dein Kind darf in der Wahrheit, Liebe und Reinheit bleiben.
Wirkung: Filter für ein sensibles Kind, sodass schwere Energien es nicht so stören. Wirkt schützend.

Einhornkreis für guten und ruhigen Schlaf

Schick deinem Kind Einhörner, die einen Kreis beim Schlafen um es herum bilden. Dadurch ist es von Licht umhüllt und in einen geschützten, reinen Raum eingebettete.
Wirkung: Guter, ruhiger und tiefer Schlaf.

Rosenquarz für guten Schlaf

Lege deinem Kind einen Rosenquarz unter das Kopfkissen oder ziehe ihm eine Kette mit Rosenquarz an.
Wirkung: Fördert einen ruhigen und sanften Schlaf. Schenkt deinem Kind Liebe und Geborgenheit.

Erdung

Erdung, wenn dein Kind oder du mal den Boden nicht mehr spüren und ihr euch konzentrieren solltet:

- Vorstellung, du bist ein Baum, seine Wurzeln gehen bis ins Herzchakra von Mutter Erde und die Krone des Baumes ist nach oben schön geöffnet, sodass Sonnenlicht hineinströmen kann.
- Füße auf den Boden stellen und den Boden gut spüren.
- Gut und stark in das Herzchakra einatmen. Ganz bewusst und tief atmen.
- Auf dem Boden liegen mit dem Bauch auf dem Boden und mit der Stirn ebenfalls den Boden berühren. Ca. fünf Minuten liegen und gedanklich loslassen.

Wirkung: Wirkt erdend und ausrichtend.

Guter Schlaf

Verschiedene Möglichkeiten, die einen guten Schlaf fördern:

- Gedanklich einen Einhornkreis um das Kind bilden
- Turbo-Booster-Spray oder sonstiges Spray zur Reinigung des Schlafraumes
- Kerze für die Nacht anzünden
- Lichtkreis um das Kind schaffen, damit es schön bei sich ist
- Entspannungsmusik oder eine schöne Meditations-CD mit Fantasiereisen laufen lassen

Wirkung: Fördert guten Schlaf.

GLÜCKLICHE TEENIES

Teenies kommen durch ihre Hormone in Kontakt mit Wellen von Emotionen. Sie dürfen lernen, sich neu zu orientieren. Es ist, als ob sie aus dem geschützten Nest der Mutter herausgetreten sind und nun dastehen und schauen dürfen, wie sie mit den Impulsen in der Welt umgehen. Sie dürfen für sich schauen, wie sie sich ausrichten. Was ist ihnen wichtig? In welche Richtung wollen sie ziehen?

Ab und zu ein bestätigendes Wort der Anerkennung und eine liebe Umarmung tun ihnen gut. Sie wissen dadurch, dass immer jemand für sie da ist. Denn oft verstehen sie sich selber nicht. Die Impulsivität kann nur durch Kontrolle der eigenen Emotionen in den Griff bekommen werden. Wenn jemand meditiert, viel in der Natur ist oder Ausdauersport macht, fällt ihm der Umgang mit seinen Emotionen leichter. Rotes Fleisch fördert Wut und impulsives Verhalten. Deshalb lieber auf Fleisch verzichten oder nur wenig konsumieren.

Gib deinem Teenie Hilfestellungen, damit er besser mit seinen Emotionen umgehen kann. Zeig deinem Teenie, wie er mit geistigen Helfern arbeiten kann und sie um Unterstützung bittet. Dazu eignen sich die Affirmationen in diesem Buch. Auch eine geführte Meditations-CD, die er beim Lernen oder auch sonst am Tag leise im Hintergrund spielen lassen kann, sorgt für Balance und gleicht aus.

Unterstütze Teenager auch im Umgang mit ihrer Medialität und Sensibilität, indem du ihnen zeigst, dass sie bestimmen, was sie im Moment wahrnehmen möchten. Sie können Türen öffnen und schauen oder eben Dinge sein lassen. Du kannst deinem

Teenie auch ein paar Übungen aus dem Kapitel „Wie ich meine Kinder besser verstehe" wie zum Beispiel „Seelenreading", „Herz-Bewusstsein" und auch „Herzverbindung" zeigen.

Denke auch immer mal wieder daran, mit deinem Teenie zu kuscheln und ihm zu zeigen, dass du ihn lieb hast. Wenn dich das Verhalten deines Kindes einen Moment hemmt, dann rufe das Gesetz der Vergebung an, indem du sagst: „Ich rufe das Gesetz der Vergebung." Vergebung anrufen kannst du auch, wenn du das Gefühl hast, du hast nicht korrekt gegenüber deinem Kind reagiert. Stelle dann auch immer mal wieder die Herzverbindung zu deinem Kind her. Falls du Schmerz oder sonst eine Blockade spürst, dann visualisiere dir die violette Flamme in deinem Herzen, in eurer Herzverbindung oder ruf die violette Flamme für dein Kind auf. Das violette Licht wirkt sehr stark. Es transformiert, reinigt, löst Blockaden und hat eine starke Heilwirkung. Es lohnt sich, mindestens einmal am Tag mit dieser Flamme zu arbeiten. Darf sich dein Kind wieder für die spirituellen Ebenen öffnen, dann arbeite manchmal auch mit der pinken Flamme. Pink öffnet für die spirituellen Ebenen. Möchtest du dein Kind oder dich vor mentalen Manipulationen bewahren, dann visualisiere blaue Flammen um deine Aura herum. Spürst du, dass es Liebe bei dir oder in deinem Umfeld braucht, dann arbeite mit den rosa Flammen der Liebe. Visualisiere sie in deinem Herzen zur Reinigung oder in deinem Haus, wo du dir mehr Liebe wünschst. Du kannst auch die Schlafzimmer deiner Kinder mit diesem Licht reinigen.

Umgang mit Teenies

Teenies brauchen ein stabiles und starkes Energiefeld. Dieses kann durch das Visualisieren der Merkaba um die Aura herum gestärkt werden oder auch durch Farben. Wenn jeder Teenie mindestens einmal am Tag in sein Herzlicht, in seinen Herzlotus in der Mitte seiner Brust eintritt, sich spürt und dann sein Herzlicht strahlen lässt, dann ist er schön bei sich. Möchtest du einen starken energetischen Schutz vor mentalen Einflüssen von außen, dann kannst du mit der Farbe Blau und auch mit Gold arbeiten. Dadurch sind sie weniger beeinflussbar durch Medien und andere Menschen. Ich persönlich habe jedem meiner Kinder einem „Zentrum der Liebe"-Aufkleber auf das Handy, den Laptop und sonstige elektronische Geräte geklebt. Dadurch sind sie schön in der Liebesschwingung und die Außeneinflüsse sind neutralisiert. Das Internet und auch andere Menschen tragen ihr Gedankengut. Deine Kinder sollen ihren Weg in einem geschützten Raum gehen können, sodass sie gewisse negative Erfahrungen nicht machen müssen.

Ein Teenie braucht viel Verständnis und je nachdem, wie stark er in seiner Selbstführung ist, auch klare Hinweise, wie in einem Familiensystem miteinander umgegangen wird. Die einen Kinder testen da mehr, wollen nur ihres und hören wenig auf die Eltern. Da braucht es eine klare Führung der Eltern. Zeig deinem Kind, wo deine Grenzen sind und was du nicht tolerierst. Das wird ihm auch später helfen, damit es sich in einem beruflichen Umfeld integrieren kann.

Kuschle mit deinem Teenie auch immer mal wieder. Wenn er deine Nähe weniger sucht, dann umarme und streichle ihn nur kurz. So setzt du ein Zeichen, dass er kommen kann, wenn er es braucht. Meine Erfahrung ist, dass Kinder immer kommen, wenn sie es wirklich benötigen, und sich auch Rat holen. Sie brauchen jedoch ganz viel Freiraum und möchten ihren Weg gehen. Die einen Kinder kommen später in die Teeniephase.

Es gibt auch solche, die den Drang nach Selbstbestimmung und Freiraum erst als Erwachsene leben. Wichtig ist, dass du auf die Signale deines Gegenübers hörst und auch über dein Herz-Bewusstsein schaust, was es von dir als Mama oder Papa im Moment braucht.

Nimm deinen Teenie auch mal wieder an die Hand oder weise ihn kaum sichtbar auf seinen Weg hin, damit er nicht zu sehr davon abkommt. Ich persönlich arbeite täglich vor dem Aufstehen für alle meine Kinder mit verschiedenen Farbmänteln. Wobei ich geschaut habe, was sie geistig für Farbkleider tragen. Die Merkaba ist auch eine sehr gute Möglichkeit, die Aura deiner Kinder zu stärken.

Schenk deinem Teenie viel Vertrauen. Löse Ängste und Sorgen von dir mit der violetten Flamme auf, sodass sie dein Kind nicht negativ beeinflussen. Dazu übergibst du gedanklich oder bildlich die negativen Gedanken und Gefühle der violetten Flamme. Diese wirkt transformierend und löst die Dinge, die du nicht manifestieren möchtest. Denn auch negative Gedanken und Emotionen sind Samen.

Emotionen

Wenn dein Teenie offen ist, dann gib ihm diesen Teil über Emotionen zu lesen oder erzähl ihm in einer ruhigen Minute davon: Du kannst dir vorstellen, du bist das Radio und die Emotionen und Gedanken sind die Kanäle oder Sendungen, die du hören und fühlen kannst. Du kannst dich jedoch auch jede Minute nach dem Höchsten und Reinsten ausrichten, dann empfängst du reines, klares Licht. Die Energie der Quelle ist eine Energie, die immer zur Verfügung steht. Du kannst dich nach ihr ausrichten, dich von ihr führen und von ihr nähren lassen. So sind Wunder möglich und du kannst dir so ein wunderschönes Leben erschaffen. Entscheide dich bewusst für die Sendungen in deinem Leben, die du leben möchtest. Lebe dein Leben, indem du dich von deinem Herzen leiten lässt.

Wenn du eine Frage in deinem Leben hast, dann richte diese nach innen in dein Herzchakra. Du erhältst dann unmittelbar Informationen aus der Quelle, denn dein Herzchakra, auch „Ich Bin" genannt, ist immer schön mit dem Zentrum von allem Sein verbunden. Es ist wie ein Weiser in dir. Er ist immer da und weiß auf alles in deinem Leben und auf alle deine Fragen eine Antwort. Auch gibt er dir ein Gefühl von dir selbst. Wenn du in deinen Kern in der Mitte der Brust eintauchst, dann spürst du dich, das, was du wirklich bist. Nimm dir jeden Tag mindestens dreimal einen Moment Zeit für dich. Tauche in dein Herzchakra ein, spüre dich und komm zur Ruhe. Stabilisiere dann deine Aura, dein Energiefeld um dich herum mit deinem Herzlicht. Strahle dieses wie eine Sonne in deine ganze Aura aus. Das ist Heilung für dich und die Welt. Du kannst dich gedanklich auch noch in eine Merkaba (Davidstern) hineinsetzen. Dieser ist wie ein Gerüst, das dein Feld zusätzlich stabil hält. Er ist dein Lichtmantel.

Eine schöne Balance bringen dir immer auch die Natur und Tiere. Gehe täglich mindestens 20 Minuten ins Grüne und dein Herz fühlt sich frei, leicht und gestärkt.

Affirmationen

Wie möchtest du gerne sein? Diese Affirmation kannst du beliebig mit den Eigenschaften ergänzen, die du verkörpern möchtest. Denn jede Affirmation hat starke Kraft. Durch das Sprechen der Affirmationen, ob leise oder laut, gehst du in deine Schöpferkraft und du setzt die Worte wie Pfeiler in deinem Leben, als ob du ein Haus bauen würdest. Erbaue jeden Tag dein Haus, welches für dich als Person steht. Stärke dich, stabilisiere dich und richte dich durch die Affirmationen aus.

Affirmationen geben Ausrichtung. Sie spenden Kraft und richten aus. Die folgenden Affirmationen sind Möglichkeiten. Sag sie immer kraftvoll, dann haben sie viel Wirkung.

Affirmationen, die dich unterstützen, dass zu sein, was du sein möchtest

Ich Bin beliebt.

Ich Bin schön.

Ich Bin schön entspannt und ganz ruhig.

Ich Bin intelligent.

Ich Bin ganz in meiner Kraft.

Ich Bin ich und lebe mein Leben.

Affirmationen zur Stärkung der jungen Persönlichkeit

Ich Bin Meister meiner Gedanken, Emotionen, Worte und Taten.

Ich Bin umgeben von einem liebenden, starken und schützenden Feld.

Ich Bin die Kraft in meinem Leben, die mich leitet.

Ich Bin mir meines Selbst bewusst und lebe mein Leben.

Ich Bin die Kraft, die Liebe, die Harmonie und alles, was ich mir von Herzen wünsche.

Ich Bin Gesundheit und achte auf sie.

Mein Körper ist wertvoll. Ich achte auf meine Körpersignale.

Ich Bin geführt und in meinem Herzen zentriert.

Ich Bin ein vollkommenes Wesen und lebe meine Einzigartigkeit.

Mein Herz zeigt mir meinen Weg.

Affirmationen zur Stärkung für den Alltag

Ich erkenne, was mir guttut.

Mein Leben ist leicht und liebevoll.

Ich gehe meinen Weg mit Leichtigkeit.

Ich habe liebe und verständnisvolle Freunde.

Alles, was mir guttut, kommt mit Leichtigkeit in mein Leben.

Affirmation für deine Selbstkontrolle und Zentrierung

Ich Bin ganz kontrolliert.

Ich atme ruhig und entspannt.

Ich Bin ganz zentriert und entspannt.

Ich Bin ganz stabil.

Notfall-Apotheke für Teenies

Hormonbalance-Öl

Mische unter dein Olivenöl, welches du zum Kochen verwendest, ein wenig Aprikosen- und Leinöl und Engelswurz (Angelikatröpfchen).
Wirkung: Stabilisiert und wirkt ausgleichend.

Hormonbalance-Nahrung

Chiasamen kannst du in einen Smoothie, in Tomatensoße und in viele Mahlzeiten mischen. Wenn du sie zuvor ein wenig eingeweicht hast, dann sieht und spürt man sie kaum.
Wirkung: Bringt die die Hormone in Balance und wirkt nährend.

Energiedusche mit Rosenblättern

Lass gedanklich Rosenblätter über dein Kind strömen. Du kannst den Rosenblüten auch eine bestimmte Farbe geben. Je nach Farbe haben diese eine unterschiedliche Wirkung.
Wirkung: Zur Beruhigung, damit mehr Liebe fließt.

Menstruation und Organe beeinflussen

Mit Organen sprechen, wie zum Beispiel den Eierstöcken, und ihnen sagen, wenn die Menstruationsblutungen weniger sein sollen oder der Prozess sanfter. Du kannst mit jedem Organ, mit jeder Zelle deines Köpers und mit deinen Augen reden wie mit einem guten Freund.
Wirkung: Wirkt ausgleichend und stärkend, je nachdem, was du deinen Organen für einen Auftrag gibst.

Gedanken-Karussell und negatives Denken stoppen

Wenn störende oder destruktive Gedanken kommen, sag sieben Mal „stopp" hintereinander. Du kannst auch noch zusätzlich sagen: „Stopp. Du hast keine Wirkung in meinem Leben." Wirkung: Stoppt das Gedankenkarussell.

Bewegung durch Sport oder Tanzen

Bewegung durch Sport und Tanzen bringt den Energiefluss in Balance, sodass gestaute Energien und ein Unwohlsein wieder in den Fluss kommen.
Wirkung: Energie kommt zum Fließen und wird ausgeglichen. Stärkt die Persönlichkeit und gleicht aus.

Ahnen lösen

Möchtest du dein Kind von Bindungen zu Ahnen lösen, dann mach gedanklich oder auf einem Blatt Papier eine liegende Acht. Im einen Kreis steht dein Kind und im anderen die Ahnen. Du kannst auch eine einzelne Person nehmen. Trenne die zwei Kreise der Acht. Stelle ein Feuer dazwischen, sodass in Zukunft alles in Liebe transformiert wird.
Wirkung: Löst Bindungen, lässt dein Kind sein Leben frei leben.

Dinge fortstreichen

Zeig deinem Teenie, wie er seinen Körper von Kopf bis Fuß ausstreichen kann, damit die Energien harmonisch fließen. Dadurch kann er sich Blockaden fortstreichen. Es ist eine energetische Reinigung.
Wirkung: Reinigend und harmonisierend.

Magenkommunikation

Sag deinem Kind, es soll eine Hand auf seinen Magen legen und ihn fragen, welche Nahrungsmittel ihm im Moment guttun.
Wirkung: Stärkt das Körpergefühl und fördert die sensitive Wahrnehmung.

Herzverbindung

Verbinde dich mit deinem Teenie über das Herz und spüre, was er im Moment braucht.
Wirkung: Stärkt das Liebesband und gibt dir Klarheit.

Kuscheln

Nimm deinen Teenie in die Arme oder streichle ihn.
Wirkung: Austausch von Liebe. Zeichen der Liebe setzen.

Verzeihen

Verzeih deinem Teenie immer wieder, indem du das Gesetz der Vergebung anrufst: „Ich rufe das Gesetz der Vergebung."
Wirkung: Löst Verstrickungen und Blockaden.

Mentale Kommunikation

Teile deinem Teenie in Gedanken mit, was dir wichtig ist.
Wirkung: Hilft dir, Dinge loszulassen.

Verantwortung übergeben

Übergib deinem Teenie Freiräume in der Nutzung des Internet, beim Ausgehen und in sonstigen Dingen. Sag klar, dass du ihm die Verantwortung in diesem Bereich übergibst und du ihm vertraust. Wirkung: Schafft Vertrauen, die Selbstständigkeit des Teenies wird gefördert und seine Eigenverantwortung.

Drogen

Kläre dein Kind über das Thema Drogen und ihre Wirkung auf. Zeige ihm auf, dass Drogen Löcher in die Aura machen und der Mensch dadurch beeinflussbarer ist. Zeige ihm mögliche Alternativen, die nicht so schädlich sind und den Menschen psychisch und/oder körperlich nicht abhängig machen. Wirkung: Vorbereitung auf die Dinge, mit denen dein Teenie möglicherweise konfrontiert wird.

Sex

Sex kann wunderschön sein, wenn beide wollen. Sag deinem Teenie, er soll auf sich hören und nur Sex haben, wenn er wirklich möchte. Diese Vereinigung ergibt ein Durchmischen der Energien und sollte nur mit jemandem gemacht werden, der für einen wirklich passt. Wirkung: Vorbeugend und aufklärend.

Verhütung

Informiere deinen Teenie frühzeitig über Verhütung. Schau gut für euch hin, ob Hormonpräparate wie die Pille infrage kommen. Hormone können die Kinder emotional stark beeinflussen. Schaut ansonsten nach möglichen Alternativen. Wirkung: Vorbeugend und aufklärend.

DANKSAGUNG ODER ZUKUNFTSAUSBLICK

Ich bedanke mich für alle die Lichtwesen, die an diesem Buch mitgewirkt haben. Besonderer Dank gilt meinen Mädels, die mir Impulse für die Themen in diesem Buch gebracht haben.

Möge dieses Buch den Beitrag leisten, dass die Menschen glücklicher sind und ihr Licht bewahren können. Denn Licht ist Inspiration, Licht ist Nahrung, Licht ist die Quelle von allem Sein.

Alles Liebe
Lara

*Möge Frieden in allen Familien sein und
die Kinder und Eltern glücklich sein.*

EIN HERZ FÜR AUTOREN A HEART FOR AUTHORS À L'ÉCOUTE DES AUTEURS MIA KAPΔIA ΓIA ΣYΓΓP
UN CORAZÓN POR LOS AUTORES YAZARLARIMIZA GÖNÜL VERELIM SZÍ
PER AUTORI ET HJERTE FOR FORFATTERE EEN HART VOOR SCHRIJVERS TEMOS OS AUTO
EN HERZ FÜR AUTOREN A HEART FOR AUTHORS À L'ÉCOUT
BCEЙ ДYШOЙ K ABTOPAM ETT HJÄRTA FÖR FÖRFATTARE Á LA ESCUCHA DE LOS AUTOR
PER AUTORI ET HJERTE FOR FORFATTERE EEN H
ÖINKÉRT SERCE DLA AUTORÓW EIN HERZ FÜR
BCEЙ ДYШOЙ K ABTOPAM ETT HJÄRTA FÖ

Die Autorin

Lara Bernardi ist Betriebsökonomin FH, spirituelle Lehrerin und Mama von drei Mädchen. Sie verfasste zahlreiche Fachartikel für Wirtschaftsmagazine und ist Autorin von mehreren Büchern und Meditations-CDs. Lara ist eine ganzheitliche Persönlichkeit, die den Weg des Herzens (Liebe) und des Bewusst-Seins geht. Als spirituelle Lehrerin berät sie ganzheitlich. Außerdem bietet Lara Ausbildungen in Medialität, spirituelle Beratung und Neue Heilmethoden an sowie zahlreiche Seminare zum Thema glückliches, gesundes Sein und Kinder von Heute.

Seit ihrer Kindheit steht sie in Kontakt mit den feinstofflichen Ebenen. Sie sieht, fühlt und versteht Energien. Lara hat die Begabung, die Menschen ganzheitlich zu erfassen und ihnen zu zeigen, wer sie sind und was sie können, damit sie ihr Leben in Reichtum leben können.

Durch ihre langjährigen praktischen Coaching-Erfahrungen entwickelte Lara das BERNARDI Profile®, eine Persönlichkeits- und Potenzialanalyse.

Der Verlag

*Wer aufhört
besser zu werden,
hat aufgehört
gut zu sein!*

Basierend auf diesem Motto ist es dem novum Verlag
ein Anliegen neue Manuskripte aufzuspüren, zu ver-
öffentlichen und deren Autoren langfristig zu fördern.
Mittlerweile gilt der 1997 gegründete und mehrfach
prämierte Verlag als Spezialist für Neuautoren in
Deutschland, Österreich und der Schweiz.

**Für jedes neue Manuskript wird innerhalb
weniger Wochen eine kostenfreie, unverbind-
liche Lektorats-Prüfung erstellt.**

Weitere Informationen zum Verlag und
seinen Büchern finden Sie im Internet unter:

www.novumverlag.com

Lara Bernardi

Die Schlüssel für dein glückliches Sein

ISBN 978-3-903067-62-2
106 Seiten

Du trägst alle Kraft, um deine Ziele und Wünsche zu verwirklichen, in deinem Herzen. Nutze sie! Dieses Buch führt dich Schritt für Schritt durch Energien, die dir helfen, durch Bewusstsein und Liebe der Schöpfer deines eigenen Lebens zu werden.

novum VERLAG FÜR NEUAUTOREN

Lara Bernardi

Die Schlüssel für deine Gesundheit

ISBN 978-3-99048-539-2
108 Seiten

Erkenne ganz neue Möglichkeiten, tanke Kraft und Motivation.
Dadurch kann sich dein Körper auf natürliche Weise regenerieren.
Deine Gesundheit ist dein Fundament und die Grundlage für ein
glückliches Sein. Stärke sie und aktiviere deine Selbstheilungs-
kräfte!

Lara Bernardi

Die Schlüssel der Engel

ISBN 978-3-99048-810-2
118 Seiten

Kontaktiere die Engel und Lichtmeister und rufe sie als liebevolle Helfer. Dir werden Werkzeuge und das Wissen vermittelt, wie du mit ihrer Unterstützung und Energie genau das erhältst, was du dir wünschst. Lass in deinem Leben Wunder geschehen!

Lightning Source UK Ltd.
Milton Keynes UK
UKHW051300090919
349271UK00010B/41/P